공학자의
시간 여행

서울대학교 전기정보공학부 서승우 교수의 <세상을 바꾸는 시간 15분>
「<비전 제로>와 완전자율주행기술」 강연을 공유합니다.
QR코드나 유튜브를 통해 볼 수 있습니다.

https://www.youtube.com/watch?v=kNoBOxzEoTM

공학자의
시간 여행

포기하지 않는 사람이
이기는 거야!

서승우 지음

특별한서재

—

　　　　　　고등학교를 다니던 시절에 우리 학교 야
구팀은 전국 대회를 수차례 제패하면서 꽤 명성을 날렸다. 한국
프로야구의 기라성 같은 원년 스타들을 배출한 전통의 명문 팀이
었다. 당시 학생들 사이에서도 야구는 대단히 인기 있는 방과 후
놀이였다. 학교 수업을 마치면 수십 명이 서로 팀을 갈라 야구 한
경기를 하고 귀가했다. 나는 가끔씩 투수를 맡았다. 야구장에는
포수 뒤편으로 그물망이 쳐져 있어 아무리 폭투를 해도 공을 잃어
버릴 염려가 없기에 마음 놓고 공을 던졌다. 난 세상의 야구장이
모두 그런 줄 알았다. 그런데 실제 경기가 열리는 야구장을 처음
가보고 깜짝 놀랐다. 포수 뒤편으로 그물망이 없지 않은가! 그러
나 선수들은 보호망이 없는 환경에서도 폭투를 하지 않고 경기를
아주 잘했다. 대학을 졸업하고 사회에 나온 후 알았다. 학교를 떠
나 세상 밖으로 나가면 나를 보호해줄 안전 보호망이 더 이상 존

재하지 않는다는 것을. 또한 그런 환경에서도 과감하고 정확하게 스트라이크를 던질 수 있는 선수가 되어야 한다는 사실을.

이 책은 청소년들이 자신의 길을 찾고 장차 보호망이 없는 현실 세계에서 스트라이크를 던질 수 있는 선수로 성장하는 데 조금이나마 도움을 주고자 한다. 청소년들이 중고등학교 때부터 자신의 목표를 설정하고 스스로에게 동기 부여를 해서 자신의 삶을 더 의미 있게 만들어 나갈 수 있도록 미래 직업에 대해 소개하고 간접 체험의 기회를 제공했다. 구체적으로 공학자가 어떤 일을 하는 사람들인지 알려주고, 내가 30년 넘게 연구해 오고 있는 공학과 기술이 사회와 인간의 삶을 어떻게 바꿀 수 있는지를 설명해주고 싶었다.

주관적인 관점에서 공학자라는 직업은 상당히 매력적이다. 공학이 과학을 비롯한 다양한 학문과 인간을 접목시키는 일을 다루는 학문이다 보니 늘 실용적이면서 창의적인 사고를 요구한다. 늘 신선하고 시대를 앞서 나간다. 따라서 창의적이고 도전적인 성향을 가진 사람에게 공학자는 완벽한 직업이 될 수 있다. 또한 멋진 공학 제품으로 세상을 놀라게 하겠다는 꿈과 포부가 있는 사람들에게도 공학은 기회의 학문이다. 세상을 바꾸고 싶은 진보성이 있거나 혁신적인 생각을 많이 하는 사람들은 공학을 통해 인생의 크고 작은 결실을 만들어 나갈 수 있다.

공학자의 길에 한 번쯤 관심을 가져본 아이들에게 이 책이 미래 인생 설계에 하나의 참고 자료가 될 수 있을 것으로 믿는다. 더 나아가, 이 책을 통해 청소년들이 자신의 미래 모습을 발견하여 장기적으로 본인의 행복뿐만 아니라 사회에도 기여할 수 있는 삶의 의미를 찾을 수 있다면 더 이상 바랄 것이 없겠다.

이 책은 우리 집 큰아이 현욱이가 성장하면서 던졌던 많은 질문들에 대해 내가 해주었던 대답들을 조금씩 글로 적어 두었다가 엮은 것이다. 현욱이는 내가 자율주행자동차 얘기를 많이 해줘서 그런지 어릴 때부터 공학자가 되겠다고 했다. 뭘 알고 한 얘기는 아니었겠지만 아빠의 직업에 대해 매력을 느꼈다는 사실에 뿌듯하면서도 한편으로 부담감이 느껴졌다. 그래서 미래에 정말 그 길을 가려고 한다면 본인의 결정에 도움이 될 수 있도록 좀 더 자세하게 공학자의 세계에 대해 설명을 해줘야겠다는 생각을 하게 되었다. 또한 인생을 살아가면서 꼭 마음에 새겼으면 하는 교훈들도 함께 알려줘야겠다고 마음먹었다. 모든 인생의 길처럼 공학자의 길도 역시나 노력과 끈기, 경우에 따라서는 집요함이 없이는 어떤 좋은 결과도 이루어 내기 어렵다는 평범한 진리를 한 번 더 강조하고 싶었다.

이야기 전개를 위해 지금까지 살아온 길에서 경험한 것들과 실제 사실들을 소재로 삼았다. 현욱이는 올해 중학교 3학년이고 어릴 때 레고 블록을 가지고 노는 걸 좋아했다. 내가 팥빙수를 광적으로 좋아했던 것도 주변 사람들이 다 아는 사실이다. 심지어 눈꽃빙수가 널리 판매되기도 전에 이미 그런 빙수 종류의 등장을 예측하기도 했다. 자율주행자동차 스누버도 서울대학교에서 우리 연구실 석박사 과정 연구원들과 함께 개발해서 서울 시내에서 계속 주행 테스트를 하고 있는 실제 차이다. 책의 사건 전개를 견인하는 인공지능 기술의 발전 과정도 지난 30년간 실제로 경험했던 사실들을 기반으로 시간을 넘나들며 전개했다. 전력망 제어를 위한 인공지능 전문가 시스템도 나의 대학원 석사학위 논문 주제였다. 다만 이 책에서는 지루할 수 있는 역사적 사실들을 청소년 독자들에게 좀 더 재미있게 전달하기 위해 시간적 흐름을 가진 소설 형태를 빌렸다. 이 책의 내용들이 현욱이에게 해주었던 얘기들을 기록한 것이지만 우리 시대의 모든 부모들이 자신들의 아이들에게 해주고 싶은 얘기일 것이라고 생각한다.

이 책은 많은 사람들의 도움이 있었기에 출판이 가능했다. 먼저 아이들 엄마 박선원은 내가 아이들과 많은 시간을 함께 하지 못할 때 항상 집안의 빈자리를 채워주고 아이들을 성심껏 키웠다. 아내의 든든한 지원과 인내가 있었기에 이 책이 나올 수 있었다. 이 책의 중요한 모티브가 된 스누버는 서울대학교 지능형자동차 연구실 석박사 연구원들의 우수한 연구 성과와 기여가 없었다면 이 땅에 태어나지 못했을 것이다. 또한 출판사 '특별한서재'와 독자의 흥미를 유발시키는 청량제 같은 표현들을 적절하게 첨가해준 김미나 편집자의 노련함에 감사드린다. 마지막으로, 다음 책은 한참 후에나 생각해보려고 했는데 계획을 좀 앞당겨야 할 것 같다. 책을 마무리하고 나니 둘째 아이가 자기는 아들 아니냐고 항의를 했다. 형만 주인공으로 나오고 자신은 나오지 않으니 화가 난 모양이다. 그래서 약속을 했다. 다음번 책의 주인공은 너라고. 또 15번째 생일 전에 쓰겠다고.

2019년 여름 관악산 자락에서
서승우

1장

그 여름의 팥빙수

공학이 뭐예요?

공학은 다른 학문들보다는 조금 더 인간의 삶과 가까이

있다고 할 수 있어.

왜냐하면 공학은 일상생활에서 우리가 부딪히는 문제를

발견하고 이를 해결할 수 있는 기술을 찾아내는

학문이거든. 인간의 삶을 보다 편리하게 만들어주는

제품이나 도구를 만드는 것이지. 인간 삶의 모든 분야에

공학이 존재해.

우연한 만남

———

   대문을 나서자마자 구름 한 점 없는 새파란 하늘에서 따가운 햇살이 쏟아져 내려와 정수리에 콕콕 박혔다. 현관문에서 스무 발자국도 채 걷지 않았는데 벌써 양 볼에 화끈한 열기가 올라오고 목덜미가 촉촉해지는 게 느껴졌다. 그래도 지훈은 콧노래를 흥얼거리며 오히려 발걸음의 속도를 올렸다. 아침에 입은 뽀송뽀송한 티셔츠가 반나절도 안 돼서 축축해지고, 양쪽 귓가로 땀방울이 연신 쪼르륵 흘러내려도 지훈에게 여름은 제일 신나는 계절이다. 선풍기 앞에 배를 깔고 엎드려 수박을 먹으며 졸릴 때까지 만화책을 볼 수 있는 여름방학이 있는 것도 좋지만 뭐니 뭐니 해도 여름이 좋은 이유는 따로 있다.

   빵집은 보통 걸음으로 집에서 족히 10분은 걸리는 거리에 있는데, 오늘은 반뜀박질로 딱 절반 만에 도착했다. 지훈은 거칠어진 숨을 다독였다. 등허리를 따라 땀줄기가 주르륵 내달리는 게 느껴졌다. 하지만 하얀 빵집 간판을 쳐다보고 있으려니 배실배실 입꼬리가 올라가는 건 어쩔 수가 없다. 팔딱거리던 심장 소리가 어느 정도 잦아들자 지훈은 빵집 문을 열고 안으로 들어섰다.

유리 진열장 안에 빵들이 가지런히 정돈되어 있다. 생긴 모양만 봐도 무슨 빵인지 다 알 만큼 흔한 빵들이다. 단팥빵, 크림빵, 소보로, 설탕가루를 잔뜩 묻힌 찹쌀 도너츠, 롤케이크, 슈크림…… 이름이 별나거나 모양이 별난 빵은 하나도 없다. 지훈은 진열장 너머에서 등을 돌린 채 바쁘게 뭔가를 하고 있는 빵집 누나를 향해 다가갔다. 운동화가 바닥에 자박거리는 소리를 듣고 누나가 뒤를 돌아보았다.

"어? 지훈이 왔네?"

빵집 누나가 미소를 짓자 쌍꺼풀이 없는 실눈이 초승달처럼 동그래진다.

"그럼요! 여름이잖아요!"

지훈은 덩달아 함박웃음을 지어 보였다.

"오늘도 그거?"

"부~우~탁해요~!"

지훈은 친구들에게 하는 것처럼 한 손을 위로 치켜들며 〈토토즐〉의 이덕화 아저씨 흉내를 냈다. 빵집 누나는 "큭큭큭, 진짜 똑같다. 야." 하며 안쪽 주방을 향해 "엄마!"라고 큰 소리로 외쳤다. 주문을 마친 지훈은 뒤를 돌아 빵집 안을 한 바퀴 둘러보았다. 창가에 하나, 그리고 벽쪽에 하나. 테이블이 딱 두 개밖에 없는 작은 가게인데 창가 쪽 자리는 이미 대여섯 살쯤 되어 보이는 여자아이 둘을 데리고 온 아줌마 차지였다. 포크로 찍은 크림빵을 오물거리는 아이들 앞에 아직 빵이 네 개 더 남아 있는 접시가 눈에 들어왔다. 눈길이 옮겨간 벽쪽 자리에는 지훈 쪽으로 비스듬히 등을 보이고 어떤 아저씨가 혼자 앉아 있었다. 의자가 세 개나 있는데 저 자리를 혼자서 차지하고 있다니, 갑자기 지훈은 몹시 억울해졌다. 에이, 참. 어디 앉아서 먹지?

"여기, 주문한 팥빙수!"

등 뒤로 누나의 목소리가 들려왔다. 지훈이 뒤로 돌아서자 진열장 위에 쟁반이 놓여 있었다. 쟁반 위에 놓인 유리그릇에는 하얀 얼음가루가 무너질 만큼 가득히 쌓여 있다. 그 위로 봉긋하게 올려진 팥앙금이 그릇 가장자리까지 밀려 내려와 있다. 반쯤 뭉그러진 팥 알갱이들이 몽실몽실 덩어리진 채로 얼음산의 머리와 어깨를 장식하고 있었다. 검붉은 색깔의 팥앙금과 우윳빛 얼음가루는 앙금 위에 살짝 뿌려진 미숫가루와 절묘하게 색깔 대비까지 이루고 있다. 쳐다만 봐도 기분이 좋아지지 않을 수가 없는 요놈이 바로 지훈이 여름을 제일 좋아하는 이유다. 작은 이 빵집의 별나게 맛있는 이 팥빙수!

빵집 누나가 팥빙수를 주문받을 때마다 엄마를 찾는 이유는 바로 누나의 엄마만이 만들 수 있는 팥빙수이기 때문이다. 언덕 위 이층 양옥집에 사는 형철이네도 놀러갈 때마다 형철이 엄마가 팥빙수를 만들어주시기는 하지만 가정용 빙삭기로 간 얼음 위에 듬뿍 얹어주시는 팥은 팥알이 거의 다 뭉그러지고 엄청나게 달기만 하지 맛은 별로다. 그러다가 우연히 엄마와 빵을 사러 들른 이 빵집의 팥빙수를 맛보고 나서 지훈은 팥빙수의 신세계를 경험했다. 그때 엄마는 연신 '우와! 우와!'를 외치며 정신없이 팥빙수를 입속으로 떠넣는 지훈을 웃는 얼굴로 쳐다보다가 당신 그릇을 슬쩍 지훈의 앞으로 밀어놓아 주셨다. 그 이후로 지훈은 여름이 시작되고 빵집 유리창에 '팥빙수'라고 쓰인 종이가 나붙으면 일주일에 최소 두 번씩은 이곳으로 팥빙수를 먹으러 오곤 했다. 자, 이제 이 사랑스러운 팥빙수와 행복한 시간을 보내보실까.

지훈은 쟁반을 들고 테이블 두 개 중 하나라도 손님들이 거의 다 먹었기를 빌며 뒤에서 서성거렸다. 그러나 두 꼬마 손님들도, 그 아저씨도, 여전히 먹는 데만 열중하고 있었다. 한껏 들떴던 기분이 바람 빠진 풍선처럼 풀이 죽어버렸다. 그때 어찌해야 할지 몰라 주춤거리고 서 있는 지훈을 향해 그 아저씨가 손짓을 했다.

"어이, 학생! 자리를 찾고 있는 거지? 괜찮으면 여기 아저씨랑 같이 앉을래?"

지훈은 잠시 멈칫했지만 달리 방법이 없었다.

"혼자 팥빙수를 먹으러 오는 아이라……. 너도 나처럼 어지간 히 이 집 팥빙수에 반했나 보구나?"

지훈은 테이블 위에 조심스럽게 쟁반을 내려놓으며 말했다.

"여기 팥빙수는 따봉이죠. 따봉! 근데 친구들이 너무 비싸대요. 여기서 팥빙수를 사먹느니 저기 아래 가게에서 백 원짜리 아이스 크림 여덟 개를 사먹는 게 낫다는 데 별수 없잖아요. 도대체 비비 빅이랑 아맛나하고 이 팥빙수가 비교가 되냐고요. 브라보콘이나 젤라콘 열 개를 줘도 이 팥빙수는 못 이겨요."

'응? 이 근처에 아직도 아이스크림을 백 원에 파는 가게가 있 나? 그것 참 신기하네. 그래도 이 집 팥빙수가 가장 저렴해. 10년 전 가격 그대로야.'

아저씨는 똘망똘망하게 생긴 지훈의 얼굴을 물끄러미 쳐다보았 다. 그때 지훈이 작게 한숨을 폭, 하고 내리쉬었다. 오늘도 저희들 끼리 가게에서 아이스크림을 한 개씩 물고 게임기를 두드리고 있 을 친구들이 생각난 것이었다. 평소에는 늘 뭉쳐 다니는 친구들이 지만 겨울과 봄, 두 계절 내내 온갖 왕소금 짠돌이 짓을 해가며 용 돈을 한 푼 두 푼 모아서는 팔백 원짜리 팥빙수를 겁도 없이 덥석 덥석 사먹는 지훈을 보며 고개를 내저었다. 그래서 늘 혼자 팥빙수를 먹으러 오곤 했는데 이렇게 누군가와 마주 앉아 팥빙수를 먹는 건 처음이었다. 말없이 팥앙금 봉우리를 숟가락으로 쿡쿡 찔러대며 지훈은 슬쩍 아저씨를 쳐다보았다. 그러자 아저씨는 검은 뿔테 안경이 걸쳐진 콧잔등을 구겨 올리며 활짝 웃었다.

"당연히 비교가 안 되지, 그럼! 슬퍼하지 마라. 최소한 팥빙수 동지가 여기 한 명은 있잖니. 하하하."

'팥빙수 동지'라는 말에 지훈은 아저씨를 쳐다보며 피식, 하고 웃었다.

"너는 이름이 뭐니? 중학생인 것 같은데."

"장지훈이요. 중학교 3학년이구요."

"어? 그래? 우와! 이런 우연이 있나! 아저씨도 이름이 지훈이거든."

지훈은 눈을 동그랗게 뜨고 아저씨를 쳐다보았다.

"진짜요? 정말 신기하네요!"

"허허, 그러게 말이다. 뭐, 지훈이라는 이름이 좀 흔한 이름이긴 하지만 말이야."

"하긴요. 우리 학교에도 저희 반에는 없지만 1반이랑 5반에 지훈이가 한 명씩 있거든요. 김지훈이랑 박지훈."

말을 마치자마자 지훈은 팥빙수를 숟가락 가득 떠서 입 속에 넣었다. 적당히 달콤한 팥앙금과 혓바닥에 착 감기는 연유와 시원한 얼음이 환상적인 맛의 조화를 이룬다. 그리고 마지막에 천천히 팥 알갱이를 혀로 굴려가며 조금씩 씹어 먹으면 또 그것처럼 진하고 고소한 것이 없다.

그 후 지훈은 빵집에서 그 아저씨와 두어 번을 더 마주쳤다. 그리고 중복이 지난 어느 날, 지훈은 며칠째 포악질을 해대는 더위에 지쳐 빵집으로 긴급대피를 온 참이었다. 마침 빵집 안에서 아저씨를 발견한 지훈은 창가 자리가 텅 비어 있었지만 쟁반을 들고 망설임 없이 아저씨에게 다가갔다. 모서리를 사이에 두고 지훈이 자리에 앉자 아저씨는 빙그레 웃으며 숟가락을 들고 인사를 했다.

"어, 왔어? 밖에 많이 덥지? 어째 여름이 해가 갈수록 더 더워지는 느낌이란 말이야."

"그러니까요. 이젠 선풍기를 안 틀면 잠시도 견디기가 힘들 정도예요. 근데 엄마는 전기세 많이 나간다고 틀어놓으면 꺼버리고 틀어놓으면 꺼버리고……."

"선풍기? 그거 가지고 버틸 수 있단 말이야? 대단하네! 올 여름은 너무 더워서 나도 에어컨 없인 힘들던데……."

'우와, 이 아저씨 부잔가 봐. 집에 에어컨이 있다니!'

지훈은 아저씨를 힐끔거리며 팥빙수를 먹기 시작했다. 이 맛있는 걸 최대한 천천히 아껴가며 먹고 싶지만 한번 숟가락을 들기 시작하면 도무지 속도를 줄일 수가 없는 것이 최대 함정이다. 아저씨도 팥빙수를 입으로 실어 나르는 숟가락의 속도가 지훈과 맞먹는다. 그러다 보니 얼음산의 반이 순식간에 사라졌다. 지훈의 낙담한 표정을 보고 아저씨가 물었다.

"왜 그러니?"

"팥빙수가 너무 빨리 줄어들어서요. 이 그릇이 한 세 배쯤 컸으면 좋겠어요."

"하하, 녀석. 그러다 배탈 나! 하긴 나도 이 집 팥빙수는 한 그릇만 먹고 나면 좀 아쉽긴 하더라."

"왜 이 집 팥빙수가 유난히 맛이 있는 걸까요?"

"이 팥이란 건 말이야, 적당히 물컹하게 삶으려면 설탕을 넣는 시기와 팥을 삶는 시간을 잘 조절해야 하거든. 여기 주인 할머니가 그걸 정말 기가 막히게 맞춘단 말이지. 이게 시간을 몇 분 몇 초, 이렇게 재가며 하는 게 아니라 그냥 수십 년 해온 감으로 하시는 거 같은데 참 기술이 대단하셔. 여기 팥빙수 맛은 아무리 세월이 흘러도 변하지 않아서 참 좋아. 세상에 그런 게 하나쯤은 있어야지. 암."

'이 팥빙수는 누나네 어머니가 만드시는 줄 알았더니 할머니가 만드시는 거였나? 그런데 왜 한 번도 못 뵀지?'

"팥앙금 하나 만드는 데도 복잡한 과학이 필요하네요."

"그럼. 땀을 많이 흘리는 여름에 팥빙수를 먹으면 좋은 이유가

뭔 줄 아니? 팥에는 비타민 B가 많이 들어 있어서 몸에 활력을 주고 소화와 피로 회복에도 좋거든."

"알고 봤더니 팥빙수 박사시네요."

"팥빙수 마니아라면 이 정도는 기본이지. 그러면 이 집 팥빙수 맛의 진짜 비결을 가르쳐줄까?"

"네? 팥앙금 말고 비결이 또 있어요? 뭔데요?"

지훈은 어느새 얼음이 녹아서 팥앙금이 둥둥 떠다니는 것도 잊은 채 귀를 쫑긋 세우고 아저씨의 말에 귀 기울였다.

"물론 팥앙금도 잘 만들지만 진짜 비결은 바로 특수한 얼음을 갈아서 만든 빙수 결정에 있단다. 보통은 물을 얼려서 만든 얼음을 제빙기에 넣고 갈아서 빙수를 만들지. 그런데 이 얼음 결정을 얼마나 곱게 만드느냐가 빙수를 먹었을 때의 감촉을 좌우하게 돼. 이 집은 상당히 고운 입자로 얼음을 갈기 때문에 입 안에 들어가면 마치 눈처럼 사르르 녹아 없어지는 거지."

"아…… 맞아요. 친구네 집에서 먹었던 빙수는 얼음 알갱이가 잘그락 잘그락하고 씹혔거든요. 근데 여기 팥빙수 얼음은 혀에 닿자마자 싹 녹더라고요."

"그래서 그런 빙수를 눈꽃빙수라고 부른단다."

'오호, 눈꽃빙수! 정말 예쁜 이름인걸!'

"그리고 그게 끝이 아니라는 사실! 사실 비결이 하나 더 있지."

지훈은 깜짝 놀라 아저씨를 쳐다보았다.

"네? 하나 더요?"

"흠, 그건 이 집만의 영업 비밀일 수도 있는데 내가 이렇게 막 소문을 내도 되는지 모르겠네."

아저씨는 아무도 없는 실내를 괜스레 두리번거리더니 헛기침을 두어 번 하고는 지훈을 향해 몸을 숙이고 낮은 소리로 속삭였다.

"혹시 이 집 빙수 맛에서 우유 맛이 나지 않니?"

"에이! 난 또 뭐라고! 연유 때문이잖아요! 그건 팥빙수에 다 넣는 거라고요!"

지훈은 입을 비죽 내밀었다.

"어허! 그게 아니라 이 집은 연유를 얼려서 얼음을 만드는 거라니까."

"연유를요? 근데 연유만으로 얼음을 만들 수 있나요? 물에 다른 성분이 녹아 있으면 어는 온도가 훨씬 더 낮아진다고 배웠거든요. 소금이 들어 있는 바닷물이 잘 얼지 않는 것처럼요."

지훈은 팥빙수에 대해 모르는 게 없는 것 같은 아저씨 앞에서 기가 죽어 있다가 문득 학교 과학 시간에 배운 것이 생각났다.

"그렇지! 어이구, 똑똑하네, 지훈이! 네 말대로 연유만 가지고는 힘들어. 우유를 농축시키고 설탕을 첨가한 연유는 작은 입자들이 액체 중에 퍼져 있는 콜로이드 상태이기 때문에 완전히 얼음으로 만들기가 어렵단다. 덜 얼린 연유는 갈아도 결정이 단단하지 못해서 금세 녹아버리고 말지. 그래서 좀 더 단단하고 천천히 녹는 얼음을 만들기 위해서 이 재료들을 섞는 거야. 맛도 좋고 먹기도 좋은 배합은 우유와 연유, 물이 4대 1대 1.5 정도지만 그거야 만드는 사람 마음이지."

"아저씨, 혹시 이 빙수 아저씨가 만든 거예요? 어떻게 그렇게 잘 알아요? 혹시 요리사? 아니면 과학자?"

"아니~ 아저씨는 자동차 만드는 사람이야."

"와! 과학자셨구나! 저도 학교 과목 중에 과학을 제일 좋아하거든요. 나중에 커서 과학자가 되는 게 꿈이에요."

"음, 아저씨는 과학자라기보다는 공학자인데?"

"네? 공학이요? 과학은 아는데…… 공학은 뭐예요?"

과학자와 공학자

이 세상에는 수많은 종류의 학문과 기술이 있지. 이것들의 공통점은 인간을 위해 존재하고 발전해 나가는 거란다. 인문학은 인간의 정신세계를 탐구해서 우리의 내면을 보다 풍요롭게 만들어주는 학문이야. '나는 누구인가', '삶의 목적은 무엇인가'처럼 인간의 근원적 문제나 문화, 사상들을 다루어서 인간을 이해하는 데 큰 역할을 하지. 의학은 질병을 연구하고 치료하는 학문이고, 과학은 우리를 둘러싼 자연 세계에서 일어나는 법칙과 원리를 이해하고 체계화해. 공학도 마찬가지로 인간을 위해 애쓰는 학문이지만 다른 학문들보다는 조금 더 인간의 삶과 가까이 있다고 할 수 있을 거야. 왜냐하면 공학은 일상생활에서 우리가 부딪히는 문제를 발견하고 이를 해결할 수 있는 기술을 찾아내는 학문이거든. 말하자면 인간의 삶을 보다 편리하게 만들어주는 제품이나 도구를 만드는 것이 우리의 일이랄까?

과학은 자연 현상을 이해하는 학문이지만 공학은 과학에서 발견한 원리를 인간을 위해 응용하는 학문이라고 할 수 있지. 그러니까 자연의 힘을 연구하는 것은 과학자가 하고, 그 힘을 이용해서 인간 사회에 필요한 물건들을 만들고 새로운 응용 분야를 개척하는 것은 공학자가 하는 거야. 과학자들은 '지금 일어나고 있는 이 현상은 어떻게 해서 이렇게 되는 것일까?' 하는 것을 고민하고, 공학자는 '지금은 존재하지 않는 물건이지만 이걸 어떻게 하면 현실에서 만들어낼 수 있을까?'를 고민하는 거지. 예를 들어 그 유명한 베르누이의 정리를 생각해보자.

베르누이의 법칙은 공기가 평면보다 곡면을 지날 때 압력이 더 많이 떨어지는 이유로 물체가 공중에 뜨게 되는 물리적 현상을 수학적으로 설명하는 이론인데 이것을 발견한 사람은 과학자이지. 그렇지만 베르누이의 섬세한 과학적 성찰을 활용해서 비행기 날개를 설계하고 항공산업을 일으킨 사람들은 공학자들이었어. 즉 공학자들은 자연적인 현상에 경제적 의미를 부여하는 능력을 가진 사람들이지.

공학자들이 다루는 문제의 범위는 그 폭이 아주 넓단다. 작게는 집에서 사용하는 작은 전자기기의 부품 하나에서부터 도시의 상습적인 교통 체증 문제나 지구온난화까지 다양하지. 즉 이 말은 인간 삶의 모든 분야에 공학이 존재한다는 거야. 공학은 전기, 전자, 기계, 컴퓨터, 우주항공, 화학생물, 도시, 건축, 환경, 에너지 등의 전통적 기술과 관련된 분야 말고도 경영공학, 인간공학, 사회공학, 교육공학처럼 인문사회 분야에서 공학적 접근법을 추구하는 다른 학문 분야까지 그 범위가 매우 넓고 세분화되어 있으며 우리의 실생활 전반에 아주 깊숙이 퍼져 있단다.

그래서 자동차를 만드는 아저씨가 과학자가 아니라 공학자인 거군요. 그런데 공학자는 어떤 사람들이 되는 거예요? 무엇을 잘해야 하나요?

공학자는 누구나 될 수 있단다. '공학자란 이런 사람이다'라고 딱 잘라서 말하기는 힘들어. 그렇지만 성공한 공학자들을 보면 공통적인 특징이 한 가지 있지. 뭔가를 만들어내는 데 재주가 꽤 있는 사람들이라는 거야. 머릿속으로 상상하고 생각하는 데 그치는 것이 아니라 그것을 진짜로 사람들의 눈앞에 보여줄 수 있는 능력 말이야.

공학Engineering의 어원인 '엔진Engine'은 라틴어로 '발명의 재능', 즉 '새로운 아이디어를 생각해내다'라는 뜻을 가지고 있단다. 공학자의 일이란 이전에 없던 것을 만들어내는 거잖니? 이때 완전히 성공한 공학자들을 보면 공통적인 특징이 있어.
머릿속으로 상상하고 생각하는 데 그치는 것이 아니라
그것을 진짜로 사람들의 눈앞에 보여줄 수 있는 능력이 있지.
그 능력의 바탕이 되는 것이
'호기심'과 '관찰력'이야.

관찰력은 훈련을 통해서 더 좋아질 수도 있어.
의도적으로 사물을 세밀하게 관찰하려고 노력을 하는 거야.
뭐든지 한 번 휙 보고 지나칠 게 아니라
꼼꼼하게 들여다보고 이해하려고 해야 해.
물건의 제품 설명서나 해설서 같은 것들을
소리 내서 또박또박 읽는 연습을 하는 것도
도움이 된단다.

새로운 것을 창조해내는 것도 멋진 일이지만 기존에 있던 것을 변형하거나 가공해서 더 편리하고 더 쓸모 있는 것으로 다시 만들어내는 일도 중요해. 그 바탕이 되는 것이 바로 '호기심'과 '관찰력'이야.

공학자들은 작가나 예술가들 못지않게 세상이 어떻게 돌아가는지, 사람들이 어떻게 살아가는지 유심히 관찰할 수 있어야 한단다. 작가나 예술가들은 이런 관찰에서 영감을 얻어서 그것을 글이나 그림, 음악으로 감탄할 만큼 세밀하고 아름답게 표현해내지. 공학자도 그 정도로 정밀한 관찰력이 필요해. 자신이 관찰한 것에서 문제점을 발견해내야 하거든.

일단 사람들이 일상생활에서 느끼는 불편 중에 개선되어야 할 것들이 무엇이 있는지, 새로운 도구가 필요하지는 않는지 분석을 해. 이 필요성 분석의 단계는 공학에서 가장 중요하고 핵심적인 단계야. 문제를 찾아가는 과정은 공학에서 가장 어렵고 시간도 오래 걸리는 단계란다. 새로운 제품 하나가 나오기까지의 전체 과정 중에 거의 절반을 차지할 정도니까 말이야. 더군다나 이 단계는 한 번으로 끝나지도 않아. 사람의 생각이나 느낌, 요구 사항들은 계속해서 변하기 마련이거든. 그래서 일차 제품이 나오더라도 일정 기간 동안 직접 사용하면서 피드백을 받고 개선해야 하며 그 이후에도 제품을 판매하는 한 계속 발전시키기 위해 노력해야 한

단다.

음······ 저도 학교에서 자연 관찰 시간 같은 때에 가끔 선생님한테 칭찬을 듣긴 했는데요, 그 관찰력이라는 게 아이큐처럼 타고나는 건가요, 아니면 연습으로 키울 수도 있는 건가요?

자연 관찰을 잘한다니 지훈이 너도 어느 정도 관찰력은 타고난 거 같은 걸. 이렇게 관찰력은 사실 태어날 때부터 갖고 있는 능력이긴 하지만 훈련을 통해서 더 좋아질 수도 있어. 불가능한 건 아니야. 의도적으로 사물을 세밀하게 관찰하려고 노력을 하는 거지. 뭐든지 한 번 휙 보고 지나칠 게 아니라 꼼꼼하게 들여다보고 이해하려고 해야 해. 물건의 제품 설명서나 해설서 같은 것들을 소리 내서 또박또박 읽는 연습을 하는 것도 도움이 된단다. 물건들의 용도나 기능을 자세하게 파악해보는 것도 훈련이 되지. '더 개선된' 물건을 만들기 위해서는 기존의 물건들이 어떻게 구성되고 작동하는지 그 기본적인 속성들을 이해하는 게 중요하거든. 과학관이나 박물관에 가면 물건이나 기구들에 대한 설명을 적어 놓은 해설판이 있지? 해설판에 적힌 설명을 한 단어 한 단어 또박또박 읽어가면서 끝까지 이해하려고 노력하는 것이 관찰력을 키우는 데 많은 도움이 돼. 어려운 단어나 이해 안 되는 용어가 나오면 꼭

메모해 뒀다가 나중에 그 의미와 원리를 확인하고 이해하려고 노력한다면 훨씬 빨리 실력이 늘 수 있겠지.

아저씨는 어렸을 때 집에 있는 뻐꾸기 벽시계나 라디오 같은 것들을 몰래 분해했다가 부모님한테 엄청 혼이 나곤 했었어. 그때마다 부모님은 "커서 뭐가 되려고 이러니!"라고 하셨지만 그런 기억이 많은 사람일수록 관찰력이 높을 수밖에 없단다. 물건을 구성하고 있는 요소와 그 기능들을 하나씩 알아내는 연습을 한 셈이니까. 야단은 많이 맞았지만 덕분에 공학자가 되는 데 유리한 능력을 기른 셈이지. 하하. 아, 그렇다고 덥석 복잡하고 비싼 물건부터 뜯지는 말아라. 아주 단순한 구성으로 움직이는 물건들부터 차례로 체험하고 관찰하는 게 중요하니까.

그리고 사실 물건들만 관찰의 대상이 되는 건 아니야. 주변 사람이나 나의 일상생활을 분석해보는 것도 관찰력을 기르는 아주 좋은 방법이 될 수 있어. 사람들의 사소한 행동이나 습관의 형태를 잘 관찰해보면 특별한 도구나 사물의 도움을 받을 필요가 있는지 파악할 수가 있거든.

사실 공학의 소재가 될 만한 대상은 문명이 탄생한 수천 년 전부터 우리 주위에 널려 있었던 셈이야. 즉 어느 시대를 막론하고 공학적 문제들은 존재했단 말이지. 그러나 그 문제들에 대한 적절한 해법을 만들어내는 방법은 그 시대의 과학기술 수준을 반영

할 수밖에 없었지. 다행스럽게도 인류가 끊임없이 발전을 추구해 온 덕분에 과학기술적 지식 수준은 점점 높아졌어. 그로 인해 더 발전된 형태의 이른바 '문명의 이기'가 지속적으로 탄생했으며, 그 결과 조금씩 세상이 바뀌어 온 거지.

어느 시대를 막론하고 세상이 어떤 상황에 처해 있든 공학의 기본은 관찰을 통해 인간에게 이로운 방향, 인간의 삶이 더욱 바람직한 방향으로 나아갈 방법을 찾는 거란다. 그래서 되도록 많은 생각의 씨앗들을 찾아내서 머릿속에 저장해두는 것이 좋아. 이제까지는 하찮고 사소하게 생각해서 그냥 지나치던 것들도 하나하나 찬찬히 둘러보렴. 전혀 문제가 되지 않는다고 생각했던 것들도 이게 문제가 될 수도 있지 않을까, 하는 생각으로 다시 한 번 뒤집어보는 거야. 일상생활 속에 보석이 될 수 있는 원석들이 널려 있어. 훌륭한 공학자는 그것을 발굴해내는 눈을 가진 사람이란다. 명심하렴! 보이지 않는 것을 보려면 보이는 것부터 잘 관찰해야 한다는 사실을 말이야. 또한 익숙한 데서 벗어나서 도저히 버릴 수 없다고 생각한 것을 버리는 일이 창조의 시작이지.

그러면 공학자랑 발명가랑 같은 건가요? 새로운 뭔가를 만들어내는 건 발명가가 하는 일 아닌가요? 전 엉뚱한 상상은 잘 하지만 발명대회에서 상을 타거나 한 적은 없거든요.

공학자가 발명가들과 다른 점은 바로 경제성을 얼마나 고려하는가에 달려 있어. 세상 사람들이 필요로 하는 물건을 만들어내고 자신의 생각을 제품으로 실현해보고자 하는 의지는 공통적으로 가지고 있지만 팔릴 수 있는 물건을 누가 더 잘 만들어내는가라는 관점에서는 큰 차이가 나지. 발명가들은 제조와 판매 등에 대한 고민은 별로 하지 않고 아이디어 자체를 구현하는 데 관심을 더 집중하는 경우가 많거든. 반면 공학자들은 시장에서 팔아야 하는 제품을 만들기 때문에 현실적 문제들을 더 많이 고민하는 사람들이지.

누구나 일상 속에서 반짝이는 아이디어가 떠오르면 발명의 세계에 뛰어들 수 있어. 평소에 사용하던 물건을 바라보며 '아, 이게 이런 점이 불편한데 이렇게 바꿔보면 참 좋을 텐데. 그런 제품은 왜 안 나오는 걸까?'라는 생각을 한 번쯤은 해봤을 거야. 그리고 그중에는 실제로 그 생각을 실행에 옮겨서 크게 대박을 치는 이들도 있지. 그렇지만 공학자는 공학적 이론에 기초하여 아이디어를 발굴하는 데서 그치지 않고 기본적으로 대량생산의 가능성과 수익성도 함께 고려해야 하지. 얼마나 저렴하게 만들 수 있는가, 얼마나 널리 보급할 수 있는가, 소비자들의 다양한 요구를 어떻게 반영할 것인가, 업그레드할 때 비용은 얼마나 들 것인가 등의 경제적 측면을 반드시 따져보거든. 그러나 현실적으로는 둘 사이의 구

분이 큰 의미가 없어. 많은 경우에 공학은 발명에서 시작되고 실제 제품 개발이 시작되면 발명가들도 공학을 이해하기 때문이지.

　그리고 공학자가 발명가와 다른 또 한 가지는 공학자들이 새로운 것을 만들어내기 위해서는 여러 분야의 사람들과 함께 일해야 하는 경우가 많다는 점이야. 발명가들은 혼자 일하는 경우가 대부분이지만 공학자들은 제품을 만들기 위해 반드시 다른 사람들과 협력을 해야 해. 예를 들어 스마트폰, 우주선이나 항공기, 배, 자동차 같은 것들을 만들어내려면 창의적인 설계를 담당하는 공학자, 부품을 제조하는 공학자, 정해진 순서에 따라 꼼꼼하게 제품을 조립하는 공학자, 결과물의 성능과 품질을 검증해주는 공학자 등 다양한 역할의 사람들이 필요하지. 이런 사람들이 모두 모여 세상에 필요한 물건들을 만들어내기 때문에 공학자가 하는 일은 광범위하단다.

공학의 기본은 관찰을 통해 인간에게 이로운 방향,
인간의 삶이 더욱 바람직한 방향으로
나아갈 방법을 찾는 거란다.

명심하렴!
보이지 않는 것을 보려면
보이는 것부터 잘 관찰해야 한다는 사실을 말이야.
익숙한 데서 벗어나서
도저히 버릴 수 없다고 생각한 것을
버리는 일이 창조의 시작이지!

열심히 대화에 열중하다 보니 어느새 두 사람의 팥빙수는 팥 알갱이가 동동 떠다니는 얼음물이 되고 말았다. 족히 세 숟가락은 공친 것 같지만 그래도 지훈은 뭔가 뿌듯한 마음에 못 먹은 팥빙수가 조금도 아깝지 않았다.

"너 이 녀석! 방학이라고 맨날 이럴 거야?"

방문이 벌컥 열리는 쪽으로 고개를 채 돌리기도 전에 '라' 음계는 될 것 같은 엄마의 목소리가 날아왔다.

"어휴, 진짜 내가 못 살아. 이게 다 뭐야. 도대체 넌 이제 곧 고등학생이 될 텐데도 이런 걸 가지고 놀고 싶니?"

엄마는 방 안으로 들어서자마자 무릎을 꿇고 앉아 바닥에 흩어진 레고들을 손바닥으로 한쪽으로 쓸어내기 시작했다. 몇 년 전에 미국에서 삼촌이 보내준 노란색 상자에 담긴 레고랜드는 지훈의 보물 1호다. 반에서도 오직 형철이만 이렇게 큼지막한 상자를 갖고 있을 뿐이다. 그런데 레고를 선물로 받았다고 자랑만 했지 형철이가 레고로 진짜 뭔가를 만드는 건 보지 못했다. 지훈은 상자에 들어 있는 설명서대로 하는 단계는 넘어선 지 오래였고 최근에는 머리에 떠오르는 대로 새로운 모양을 만들어내는 재미에 푹 빠져 있었다. 이리저리 마음 가는 대로 레고 블록들을 끼워 맞추다 보면 시간 가는 줄을 몰랐다.

오늘은 미래의 로봇이 어떤 모습일까를 상상하며 손이 움직이는 대로 레고를 조립하다 보니 다리는 네 개인데 머리는 사람인 희한한 모양이 됐다. 지훈은 다 만든 레고 로봇을 바닥에 내려놓고 엎드려서 한참을 쳐다보았다. 앞 다리 두 개는 상황에 따라서 팔로도 쓸 수 있게 만드는 거다. 그리고 모든 다리는 복잡한 거리에서도 사람들에 부딪치지 않고 요리조리 잘 뛰어다닐 수 있을 만큼 제어력이 뛰어나고, 사람의 모양을 한 머리는 마치 진짜 사람처럼 주변 환경을 인식하고 스스로 결정을 내릴 수 있는 로봇. 이런 걸 정말 내 손으로 만들 수 있다면 얼마나 근사할까? 그렇게 지훈은 한창 상상의 나래를 펼치다가 그만 만화책에 한눈이 팔려서 뒷정리를 한다는 걸 깜빡했던 것이다.

"내가 이놈의 장난감을 다 갖다버리든지 해야지, 원."

지훈은 얼른 일어나 레고 블록들을 허겁지겁 상자에 쓸어 담기 시작했다.

"제가 치울게요. 치우면 되잖아요!"

뚜껑을 대충 닫은 레고 상자를 들고 지훈은 엄마 옆을 잽싸게 돌아 방 밖으로 나섰다.

"어디 가! 너 방학숙제는 하고 있는 거야?"

"늦지 않게 들어올게요!"

화가 난 엄마의 얼굴을 보니 그냥 겁을 주려고 하는 말이 아니라 이번에는 진짜로 레고를 내다버릴 수도 있을 것만 같았다. 그래서 급한 마음에 레고를 상자째 들고 나오기는 했지만, 아뿔싸. 책상 위에 올려놓은 동전 지갑을 까맣게 잊고 있었다.

'젠장, 바닥에 엎드린다고 주머니에서 빼놓았었는데……. 이제 어디로 가지?'

지훈은 일단 집 앞을 벗어나 골목길을 터벅터벅 걸어 내려가기 시작했다. 뉘엿하게 기울기 시작한 햇살이 아직도 화끈거렸다. 잠시 딴생각을 하다가 문득 걸음을 멈춘 지훈은 익숙한 빵 굽는 냄새에 고개를 들었다. 그 빵집 앞이었다. 그렇지만 오늘은 땡전 한 푼 없는 처지라 저 문을 열고 들어갈 수가 없다. 그때 낯익은 목소리가 들려왔다. 빼꼼히 열린 빵집 문틈으로 아저씨가 손짓을 하며 지훈의 이름을 부르고 있었다. 한참 길을 잃고 헤매다가 엄마라도 본 아이처럼 지훈은 반색을 하며 얼른 빵집 안으로 들어갔다.

"오래간만이네. 근데 왜 안 들어오고 밖에서 쳐다보기만 하고 있었니?"

"아, 네. 공부 안 하고 놀기만 한다고 엄마한테 야단맞고 집에서 급하게 나오면서 지갑을 놓고 나왔지 뭐예요."

"저런 저런. 그럼 오늘은 위로 차원에서 내가 팥빙수를 쏴야겠네."

지훈은 차마 냉큼 대답은 하지 못하고 아저씨를 향해 헤벌쭉,

웃어 보였다.

두 사람은 팥빙수 쟁반을 나란히 들고 테이블에 앉았다.

"오늘은 빵집 냄새만 맡고 가나 했는데, 감사합니다! 근데 아저씨도 여기 진짜 자주 오시네요."

"눈꽃빙수는 여기가 최고라니까. 팥빙수는 역시 눈꽃빙수지."

'난 눈꽃빙수라는 말을 그때 처음 들었는데 이게 요새 유행인가보지?'

지훈은 속으로 생각하며 팥빙수를 조심스럽게 한 숟가락 떠서 입에 넣었다. 그러자 엄마의 잔소리도, 야박하게 빈 주머니로 집에서 쫓겨난 것만 같은 억울함도 어느새 가물가물 사라졌다.

"근데 그 상자는 뭐니? 레고?"

아저씨는 테이블 위에 올려놓은 지훈의 레고랜드 상자를 유심히 쳐다보고 있었다.

"이거 빈티지 레곤데? 나온 지 한참 됐을 텐데, 이거 어디서 난 거냐?"

"미국에 사시는 삼촌이 선물로 보내주신 거예요. 삼촌은 새거라고 하셨는데……."

"미국이라서 이렇게 새것 같은 상태의 물건을 사실 수 있었던 거겠지. 이게 얼마나 귀한 건데. 네가 레고를 어지간히 좋아하나 보구나?"

"네. 너무 재밌어요. 그런데 엄마는 제가 장난감 가지고 놀 나이는 지났다고 다른 집에 주거나 갖다 버리신대요."

"흠, 레고가 그냥 장난감은 아니지. 레고를 가지고 할 수 있는 게 얼마나 많은데. 레고로 공부를 하는 어른들도 있는걸?"

"레고로 공부도 해요?"

"미국에 MIT라는 아주 유명한 공과대학이 있는데 학생들이 레고로 컴퓨터의 기초를 배울 수 있도록 교육 도구를 개발했어. 그리고 실제로 이 도구로 교과목을 운영하는 학교들도 많이 있지."

"저는 설명서에 없는 새로운 것을 만들어낼 수 있어서 레고가 좋아요. 머릿속으로 그냥 상상만 한 건데 이리저리 맞추다 보면 생각과 비슷한 모양이 나오거든요."

"그렇지? 실제로 여러 공학 분야에서도 문제가 발견되었을 때 그 문제의 해결방법을 실제로 구현해볼 도구로 레고를 많이 활용하기도 해."

레고와 조합적 사고

━━━

레고는 창의적인 아이디어를 일차적으로 구현해볼 수 있는 중요한 도구란다. 평소에 레고 블록으로 이것저것 여러 가지를 만들어보는 연습을 하면 물건을 만들 때 필요한 조합적 사고에 대한 훈련을 할 수 있지. 조합적 사고란 무언가를 생각할 때 모든 중요한 사실과 개념들을 체계적으로 고려할 수 있는 능력을 말해.

피아제Jean Piaget의 무색 용액 실험 연구란 것을 보면, 그는 무색의 용액이 담긴 다섯 개의 병을 피실험자들에게 주면서 마음대로 섞어서 노란색 용액을 만들어보라고 주문을 했어. 그 다섯 개의 병에는 유황부터 물, 옥화칼륨처럼 서로 다른 용액들이 들어 있었지. 어떤 사람들은 그냥 이 병 저 병을 마구 섞어가며 그 문제를 해결하려고 했지만, 어떤 사람들은 체계적으로 시도를 했단다. 한 번에 두 가지의 용액을 섞어보고, 그다음에는 세 가지의 용액을 섞어보는 식으로 말이야. 그러면서 모든 가능한 조합을 하나씩 차례대로 해보는 거지. 이렇게 모든 가능성들을 체계적으로 검토할 수 있는 능력을 조합적 사고라고 부른단다.

레고를 가지고 노는 것도 마찬가지야. 레고 블록을 이용해서 뭔가를 만들어가는 과정은 일단 머릿속에서 전체적인 모양을 상상하고 입체적인 설계도를 그린 다음에 그것에 따라서 하나씩 블록들을 조합하는 거잖니. 문제점을 찾기 위해 필요한 것이 분석적 사고라면 해결책을 찾기 위해서는 이런 조합적 사고가 많은 도움이 돼. 그리고 레고만큼 조합적 사고를 하는 데 좋은 것도 없어.

이건 제가 아니라 엄마가 꼭 들어야 하는 얘기네요. 여기 계셨어야 하는 건데. 아, 아까워라……. 전 레고를 가지고 논다고만 생각했지, 레고에 그런 효과가 있다는 건 전혀 몰랐어요. 그런데 그런 훈련이 되려면 특별한 방법이 따로 있는 건가요?

쉬운 단계부터 시작을 해서 점점 복잡한 단계로 발전을 해나가려면 더욱 다양한 종류의 블록을 점점 더 많이 사용해야 하지. 그리고 그보다 중요한 것은 고차원적인 입체적 사고를 해야 한다는 점이야. 3차원 공간지각능력은 실제 눈을 사용해서 볼 때는 본능적으로 작동하게 되지만 눈을 감고 머릿속으로 가상의 3차원 공간을 만들어내기 위해서는 타고난 능력의 소유자들이 아니면 좀 어렵지.

레고 블록을 이용한 조합적 사고 훈련은 처음에는 주어진 설계도에 따라서 시작하면 된단다. 그렇게 차례대로 블록을 하나씩 쌓아가다 보면 종이 위에 그려진 설계도가 3차원적으로 어떻게 완성이 되는지를 눈으로 확인할 수가 있지. 이 과정을 반복하다 보면 조합적 사고능력이 길러져서 설계도 없이도 머릿속으로 상상한 3차원적인 형상을 실제로 만들어낼 수 있는 수준에 도달하게 돼. 이런 능력이 중요한 이유는 제한된 소재, 즉 레고 블록을 어떻게 조합하느냐에 따라 무한에 가까운 것들을 창조해낼 수 있기 때문이야. 그거에 비하면 상자에 원래 들어 있던 설계도는 애들 장난이지!

어떤 사람들은 설계도가 없으면 자기가 제대로 만들고 있는 건지 불안해진다고 하지만 설계도가 없다는 것은 대신에 무한대의 자유가 있다는 거야. 어느 방향으로 갈지, 어떤 상상을 실현할지, 거리낌 없이 이리저리 맞춰보면서 앞으로 나아갈 수 있는 거지. 미술 시간에 오늘의 주제를 선생님이 칠판에 딱 써놓고 이걸 그리세요, 라고 하는 것과 오늘은 아무 거나 그리고 싶은 것을 그리세요, 라고 하는 게 얼마나 큰 차이가 있니? 내가 가진 능력을 최대한 발휘할 수 있는 것은 아무래도 자유롭게 원하는 대로 그리는 쪽이겠지. 그러니까 지훈이 너는 지금 아주 잘 하고 있는 거란다.

"히힛. 맨날 엄마한테 야단만 맞다가 아저씨한테 칭찬을 들으니 기분 좋네요. 그것도 진짜 공학자가 해주시는 칭찬이잖아요."

지훈은 옆에 놓인 레고 상자를 쓰다듬었다. 엄마도 처음에는 지훈이 만든 레고 작품을 보고 '어이구, 우리 아들. 신통하기도 하지. 이런 걸 어떻게 만들었대?'라고 하며 칭찬을 해주시곤 했다. 그렇지만 이제는 무엇을 만들어도 엄마의 반응은 시큰둥하기만 하다.

"엄마가 친구들 중에 이런 거 갖고 노는 애가 있기는 하냐고 뭐라고 하세요. 과학자가 되려면 성적도 좋아야 하는 거라고 하시면서요. 물론 이제는 과학자에서 꿈이 좀 바뀌긴 했지만요. 헤헷."

"엄마 말씀도 틀린 게 아니야. 학교는 중요한 배움의 터전이니까 학교에서 성적을 잘 받는 것도 한편으로는 신경을 써야 할 일이지. 그만큼 네가 배움에 성실하다는 증명이기도 하니까."

"네, 아저씨 얘기를 듣다 보니 시간 가는 줄을 모르겠어요. 아저씨는 정말 대단한 공학자이신가 봐요. 정말 존경스러워요. 아저씨랑 있으면 매번 새로운 걸 배우게 돼요. 아는 게 이만큼씩 팍팍 늘어나는 게 눈에 보이는 것 같아서 뿌듯해져요!"

"아이고, 아저씨 얘기를 이렇게 찰떡같이 알아들어주다니. 넌 엄마 아빠한테 많이 감사해야 해. 똑똑한 머리를 주셨잖니."

"하하, 그러게요. 근데 아저씨는 전화번호가 어떻게 돼요? 제가 혹시 전화를 드려도 되나요?"

"물론이지! 아저씨 전화번호는 010-3832-××××란다. 혹시라도 내가 전화를 안 받으면 메시지를 남기거라."

"엥? 그런 번호도 있어요? 010이요? 이거 그냥 이대로 번호만 다 누르면 되는 거죠?"

지훈은 아저씨가 빌려준 펜으로 영수증 뒤에 전화번호를 적고는 신기한 듯 들여다보았다.

그날도 아빠는 느지막한 시간에야 집으로 돌아오셨다. 택시운전을 하는 아빠는 온 동네에 밥하는 냄새, 된장국 냄새, 기름 냄새가 솔솔 퍼지는 저녁 시간은 지나야 퇴근을 하시기 때문에 지훈이네는 남들보다 좀 늦게 저녁상에 둘러앉는다. 엄마는 음식이 식지 않게 아빠가 들어오실 시간에 맞춰 저녁을 준비하고, 지훈은 엄마의 명령에 따라 얌전히 책상 앞에 앉아 모처럼 방학숙제를 한창 하던 중이었다.

"그래, 지훈이는 요즘 공부 열심히 하니?"

숟가락을 들며 아빠가 물었다. 그러자 지훈이가 뭐라고 말을 하기도 전에 엄마가 냉큼 대답을 가로챘다.

"공부는 무슨~ 아직도 애처럼 맨날 만화책에 장난감에, 뭐가 되려고 저러는지……"

"그건 그냥 방학이니까 그런 거지! 전 나중에 커서 공학자가 될 거예요."

그러자 아빠는 젓가락으로 반찬을 집다 말고 지훈을 쳐다보며 물었다.

"공학자? 과학자 말이냐?"

"아니요. 과학자 말고 공학자요. 그런 게 있어요."

이번에는 엄마도 밥상 너머로 지훈을 건너다 보았다. 말을 마치자마자 얼른 밥 한 숟가락을 크게 떠서 입 안에 밀어 넣고 우물거리는 지훈의 입가에 미소가 번졌다. 엄마 아빠가 모르는 비밀이 하나 생긴 것 같아서 괜히 마음이 설렜다.

"지훈아! 얼른 타라!"

선글라스를 낀 아빠가 아직도 가게 안에서 미적거리고 있는 지훈을 향해 소리쳤다.

"네!"

지훈은 가게 아저씨가 내준 간식이 든 비닐봉지를 손에 들고 아빠가 운전하는 택시의 조수석에 올라탔다. 모처럼 아빠가 쉬는 날, 아빠는 무슨 바람이 불었는지 지훈에게 방학도 했는데 바람이나 쐬고 오자며 나들이를 가자고 했다. 마침 엄마는 옆집에서 동네 아줌마들끼리 모이기로 했다며 부자끼리 오붓하고 재미있는 시간을 보내라는 인사만 남긴 채 11시가 되기도 전에 쌩하고 대문을 나섰다.

"우리 아들 태우고 드라이브하는 게 오래간만이지?"

"네. 봄에 엄마랑 다 같이 꽃구경 간 거 말고 처음이에요."

"아이구, 그렇게 오래됐어? 아빠가 반성해야겠네. 요즘 일이 너무 바빠서 말이야."

차창 밖에서 아직도 백전노장처럼 사나운 늦여름의 햇살이 쏟아져 들어왔지만 지훈은 콧노래까지 흥얼거리며 기분이 최고로 좋아졌다. 그렇게 한참을 창밖으로 스쳐지나가는 서울의 거리를 구경하다가 발아래 놓아둔 비닐봉지에서 콜라 캔을 집어 들었다. 그런데 차가운 냉장고에 있다가 나온 콜라 캔의 표면에 송글송글 맺혀 있던 물방울에 그만 손가락이 미끄러지고 말았다. 지훈의 손에서 떨어진 콜라 캔은 운전석 바닥으로 굴러 들어갔다.

"앗! 이거 어쩌지. 아빠, 죄송해요. 콜라를 떨어트렸어요."

"어? 이쪽으로 말이냐?"

아빠는 시선을 계속 앞으로 향한 채 허리만 가볍게 앞으로 숙여 손으로 발밑을 휘저었다.

"어…… 어…… 걸리는 게 없는데……."

그때였다. 저만치 앞에서 달리던 차의 후미등이 갑자기 빨갛게 켜졌다. 급정거를 한 것이었다. 아빠도 급하게 브레이크를 밟았지만 운전석 바닥으로 떨어진 콜라 캔이 하필이면 그 밑으로 굴러

공학자의
시간 여행

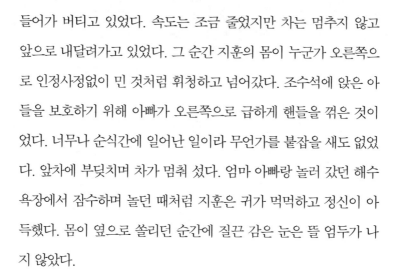

들어가 버티고 있었다. 속도는 조금 줄었지만 차는 멈추지 않고 앞으로 내달려가고 있었다. 그 순간 지훈의 몸이 누군가 오른쪽으로 인정사정없이 민 것처럼 휘청하고 넘어갔다. 조수석에 앉은 아들을 보호하기 위해 아빠가 오른쪽으로 급하게 핸들을 꺾은 것이었다. 너무나 순식간에 일어난 일이라 무언가를 붙잡을 새도 없었다. 앞차에 부딪치며 차가 멈춰 섰다. 엄마 아빠랑 놀러 갔던 해수욕장에서 잠수하며 놀던 때처럼 지훈은 귀가 먹먹하고 정신이 아득했다. 몸이 옆으로 쏠리던 순간에 질끈 감은 눈은 뜰 엄두가 나지 않았다.

"아······ 빠······ 아······ 빠?"

바로 옆에 있는 아빠의 목소리 대신 왼쪽 귓가에서 누군가가 차 문을 쾅쾅 두들기는 소리만 들려왔다.

2장

수수께끼의 시작

자율주행자동차가 뭐예요?

한 번도 가보지 않은 낯선 길을 가려면 얼마나 두렵겠니?

그래서 용기가 필요한 거야. 그런데 놀라운 것은

그렇게 한 번 용기를 내서 그 길에 발을 내디디는 순간

나 자신뿐만 아니라 내가 살고 있는 세상에도 변화가

시작되고 있더라는 거야.

존재하지 않는
번호입니다

———

"야, 오늘 학교 끝나고 오랜만에 형철이네 가서 놀까? 숙제도 같이 하고."

"그래, 우리 엄마가 특별히 맛있는 거 해주신댔어. 같이 가자!"

복도를 걸어 나오는 지훈의 목덜미를 우일이 팔을 걸어 낚아챘다. 옆으로 형철이가 얼굴을 내밀었다.

"아니…… 나 못 가. 병원 가봐야 돼."

형철이가 이마를 찌푸리며 말했다.

"어우, 이 앞도 뒤도 모자라 옆까지 꽉 막힌 자식. 너희 엄마가 우리 엄마한테 전화해서 부탁하셨대. 그래서 엄마가 너 꼭 데리고 오라고 그러셨어."

"…… 그래도 난 병원에 가볼래."

지훈은 친구들이 뭐라고 더 말을 붙이기도 전에 서둘러 교문을 빠져나왔다. 그리고 골목길로 접어들어 한참을 더 간 뒤에야 속도를 늦췄다. 숨이 가빴다. 개학을 한 지 일주일이 넘었지만 지훈은 친구들이랑 같이 떡볶이도 한 번 먹으러 가지 않았다. 다른 때 같았으면 개학 첫날 이미 떡볶이 집부터 골목 구멍가게와 오락실까지 순례를 했을 테지만 지훈은 그 대신 학교가 끝나자마자 매일 병원으로 갔다. 그중 몇 번은 길을 에둘러서 일부러 빵집 앞을 지나가면서 안을 기웃거려봤지만 아저씨를 보지 못한 지도 벌써 한 달이 넘어간다. 나쁜 일은 차례를 기다리지 않고 이렇게 늘 한꺼번에 닥친다.

병실 밖에서도 지훈은 안으로 들어가지 못하고 열린 문 사이로 안을 들여다보고만 있었다. 창가 쪽 침대에 몸을 일으켜 앉은 아빠가 누군가와 한참 이야기를 나누고 있었다.

"지훈아, 거기서 뭐하니?"

옆을 돌아보니 물병을 든 엄마가 병실 쪽으로 걸어오는 중이었다.

"아, 네. 아빠한테 손님이 오신 거 같아서요. 아빠 회사에서 나오신 분인가 봐요?"

옆에 나란히 선 엄마에게서 대답 대신 나지막한 한숨 소리가 들려왔다.

"…… 그래도 저만하길 다행이지…… 직장이야 뭐…… 몸만 다

나으면 어디 일하실 데가 없겠니……."

엄마는 말꼬리를 길게 흐리다가 다시 작게 한숨을 내쉬며 병실 안으로 들어섰다.

"너도 거기 서 있지 말고 들어오렴."

엄마가 나타나자 아빠와 손님이 동시에 병실문 쪽으로 고개를 돌렸다. 뒤에 서 있던 지훈은 그 눈동자들과 마주칠까 봐 뒷걸음 질로 병실을 벗어나 그대로 복도를 내달렸다.

'바보, 멍청이, 등신 같은 놈. 그날 차에서 콜라만 안 떨어트렸어 도…….'

고개를 떨군 채 병원 앞 골목길을 터덜터덜 걸어 내려가던 지훈 은 갑자기 눈물이 핑 돌았다. 지훈은 멍들고 긁힌 상처가 전부였 지만 아빠는 앞으로 한참을 더 병원에 있어야 한다고 했다. 어디 를 어떻게 다친 건지는 아무도 자세하게 설명을 해주지 않았지만 아빠는 목이며 허리에 이상한 모양의 보호대를 두르고 팔에도 깁 스를 했다. 의사는 회진을 올 때마다 이 정도면 하늘이 도운 거라 고, 금방 일어나실 거라고 앵무새처럼 말했다. 그러나 지난 보름 간 아빠는 부축을 받고 겨우 침대에 일어나 앉을 수 있게 되었다. 사고가 났을 때도, 그리고 그 이후로도, 아무도 지훈의 실수를 꼬 집는 사람은 없었다. 하지만 지훈은 아빠를 볼 때마다 누가 세게 명치를 한 대 치기라도 한 것처럼 숨이 잘 안 쉬어졌다. 그리고 사고가 나던 그날, 그 몇 분의 순간이 자꾸 머릿속에서 느릿느릿 재생되곤 했다.

그때 문득 공중전화박스가 눈에 띄었다.

'아…… 그걸 어디다가 뒀더라?'

지훈은 갑자기 발을 멈추고 주머니를 뒤져 지갑을 꺼냈다. 다행히도 팥빙수 비상금으로 넣어둔 돈 옆에 차곡차곡 접힌 영수증이 얌전히 꽂혀 있었다. 지훈은 지갑에서 동전을 꺼내어 전화기 앞으로 다가갔다. 그리고 영수증 뒤에 적힌 번호를 꾹꾹 눌렀다. 삑삑하고 번호가 눌리는 소리가 났다. 잠시 정적이 흐르더니 수화기 너머로 목소리가 들려왔다.

"지금 거신 전화번호는 없는 번호이오니 다시 확인하시고 걸어주시기 바랍니다."

'어라? 분명 다 누른 것 같은데……?'

지훈은 전화를 끊었다가 다시 한 번 번호 열한 개를 하나씩 확인해가며 차례대로 눌렀다.

"지금 거신 전화번호는 없는 번호이오니 다시 확인하시고 걸어주시기 바랍니다."

'이게 어떻게 된 일이지? 아저씨가 나한테 가짜 전화번호를 가르쳐준 건가? 도대체 왜……?'

지훈은 녹음된 안내 메시지가 끝나고 삐 소리가 울리는 수화기를 든 채로 멍하니 서 있었다.

딸랑─.

경쾌한 방울 소리가 울린다. 지훈은 오래간만에 빵집 문을 열고 들어섰다. 그 사고가 난 이후로 처음이었다. 그동안 이 앞은 수도 없이 지나쳤지만 한 번도 빵집에 들어오지 않았다. 아니, 차마 들어올 수가 없었다. 아빠 옆에서 명랑하게 웃고 있지만 잦아진 한숨을 감추지 못하는 엄마와 나날이 말이 없어져가는 아빠를 보면서 팥빙수 비상금을 아껴두기로 했다. 용돈이 다 떨어졌을 때 달라고 손을 내밀 엄두가 나지 않아서였다. 그런데 오늘은 엄마가 빵을 사오라고 심부름을 시킨 덕분에 모처럼 달콤한 빵 굽는 냄새가 진동하는 가게 안으로 당당히 들어설 수 있었다.

지훈은 제일 먼저 가게 안을 휘이 둘러보았다.

'핫! 저게 누구야?'

벽쪽 테이블에 아저씨가 앉아 있었다. 지훈은 곧장 그에게로 다가갔다. 발자국 소리를 듣고 고개를 돌린 아저씨는 병실에 누워 있는 아빠처럼 눈에 띄게 얼굴이 홀쭉해져 있었다.

"아저씨! 정말 오래간만이에요! 그동안 어디 가셨더랬어요?"

아저씨가 지훈의 얼굴을 쳐다보며 씨익 미소를 지었다.

"어, 지훈! 반갑다! 요즘 너무 바빠서 말이야…… 그래도 계절이 완전히 바뀌기 전에 마지막으로 팥빙수와 작별 인사는 나눠야 할 거 같아서 들렀지."

아저씨 앞에 놓인 팥빙수 그릇은 이미 말끔하게 비워져 있었다.

"에이, 조금만 일찍 오지. 그럼 같이 먹을 수 있었을 텐데. 내가 오늘은 급한 일이 있어서 그만 가봐야 할 거 같은데 어떡하지? 우리, 다음에 또 보자!"

"아, 아, 네! 그럼……."

아저씨는 손목시계를 확인하고 지훈을 향해 찡긋 윙크를 해보이고는 자리에서 일어섰다. 인사를 하며 가볍게 허리를 숙이는 지훈의 눈에 의자 위에 놓인 사각형의 검은색 물체가 들어왔다. 수첩 같기도 하고 지갑 같기도 했다. 지훈은 냉큼 그것을 집어 들고 뒤를 돌았다. 아저씨가 막 가게 문턱을 넘어서고 있었다.

"아저씨!"

지훈은 급히 달려가 닫히기 일보 직전의 빵집 문을 한 손으로 밀어내고 간신히 아저씨의 옷자락 끝을 붙잡은 채 같이 밖으로 나섰다. 아저씨는 그제야 뒤를 돌아보고 놀라며 말했다.

"어?"

"후우…… 이거요. 의자 위에 떨어져 있던데요. 하마터면 그냥 가실 뻔했어요."

지훈이 손에 쥔 물건을 내밀자 아저씨는 양손으로 재킷 주머니

위를 더듬으며 말했다.

"앗, 이런! 내 정신 좀 봐라. 큰일 날 뻔했네. 고맙다!"

"에이, 뭘요!"

지훈은 아저씨를 쳐다보며 씨익 웃었다. 그때 아저씨 등 뒤로 빵집 건너편의 풍경이 눈에 들어왔다.

'어라?…… 저건 처음 보는 가겐데…… 여기…… 여기가 어디지?'

지훈은 당황한 표정으로 주위를 둘러보았다.

"아저씨…… 근데 여기가…… 여기가 어디에요?"

"뭐? 여기가 그 빵집이지 어디긴 어디야. 너 이 근처에 사는 거 아니었니?"

"그렇죠. 여기가 그 빵집이죠…… 분명 그 빵집은 우리 동네에 있는 게 맞는데, 근데 여기가 어딘지 모르겠어요."

사방을 두리번거리던 지훈은 울상이 되어 아저씨를 향해 고개를 돌렸다. 사방천지에 지훈의 눈에 익은 것이라고는 바로 눈앞에 서 있는 아저씨의 얼굴 하나뿐이었다.

"여기가 어딘지 모르겠다고. 음, 큰일 났네. 너, 그럼 일단 아저씨 사무실에 가자. 내 사무실에 가서 너희 집이 어딘지 같이 한번 찾아보자."

"네, 일단 같이 가볼래요."

택시에서 내린 아저씨와 지훈은 건물 안으로 들어섰다. 조용하고 널찍한 로비를 지나 엘리베이터를 타고 3층에서 내려 오른쪽 복도 끝 모서리를 돌자 문이 활짝 열려 있는 사무실이 나왔다. 문 위에 '교수 연구실'이라는 팻말이 붙어 있고, 그 밑에 '장지훈'이라는 이름도 보였다.

'장지훈?'

"이리로 들어가렴."

지훈이 잠시 머뭇거리고 있는 사이 안쪽에 놓인 커다란 테이블에서 책을 읽고 있던 한 남자아이가 고개를 들어 이쪽을 쳐다보았다.

"어? 아빠, 오셨어요?"

"어, 그래. 와 있었구나. 늦어서 미안."

연구실 안으로 들어서며 아저씨는 말을 이었다.

"여기는 아빠가 잘 가는 빵집에서 만난 친군데 말이야, 갑자기 집을 못 찾겠다고 하지 뭐니. 네가 기다리고 있을 것 같아서 일단 이리로 데려오긴 했다만……."

얇은 금속테 안경 속의 동그란 두 눈이 지훈을 유심히 훑어보고 있었다.

"흠, 넌 이름이 뭐니?"

"나?…… 어, 나. 지훈. 장지훈."

"뭐? 풉 – 우리 아빠랑 이름이 똑같아?"

재킷을 옷걸이에 걸고 돌아서는 장 교수도 덩달아 웃음을 터트렸다.

"그러게 말이야. 하핫. 신기하지?"

마주 보며 웃는 두 사람 앞에서 지훈은 도무지 웃을 생각이 나지 않았다.

"근데 아저씨가 대학 교수님이었어요? 전 공학자라고만……."

"그러엄! 그것도 아주 유명한 교수님이시지! 우리나라에서는 이름만 대면 온 국민이 다 알지!"

'쳇, 되게 잘난 척하네. 처음 만난 사이에. 난 처음 듣는 이름인데. 심형래도 아니면서 온 국민이 다 알기는 뭘……'

지훈은 조금 기분이 상해서 혼자 중얼거렸다.

"진~짜 어머어마하게 멋진 걸 만드시거든."

그 남자아이는 대답 없이 샐쭉한 표정만 짓고 있는 지훈이 답답하다는 듯 목소리를 조금 높였다. 장 교수 쪽을 향한 눈동자에 자랑스러운 빛이 넘쳤다.

"녀석도 참. 여기는 내 아들이고, 이름은 현욱이란다. 너랑 똑같이 중학교 3학년."

지훈과 현욱은 서로를 마주 보았다. 빵집 문을 나온 그 순간부터 갑자기 4차원의 세계로 떨어진 것처럼 모든 것이 낯설어서 무섭기까지 했었는데 아저씨와 현욱을 번갈아 쳐다보다 보니 지훈은 웬일인지 마음이 놓이는 기분이었다. 그런데 너무나 당당한 녀석의 말투에 기가 눌리는 것 같은 느낌이 드는 건 왜일까. 순간 아빠의 모습이 머릿속을 스쳐 지나갔지만 금세 현욱에게 대들듯 물었다.

"그래, 그 진~짜 어마어마하게 멋진 게 뭔데?"

"자동차."

현욱이 대답하며 빙그레 웃었다.

"자동차?"

"응, 자동차. 근데 완전 특별한 자동차."

'맞다, 아저씨가 자동차를 만드는 공학자라고 했었지.'

지훈은 빵집에서 들었던 아저씨의 말이 그제야 기억이 났다.

"보러 갈래?"

지훈이 뭐라고 대답을 하기도 전에 현욱은 테이블 위에 책을 내려놓고 의자에서 발딱 일어나 장 교수 쪽을 쳐다보았다.

"그래도 되죠? 아빠도 같이 가요!"

"어, 잠깐. 구경을 하려면 먼저 차를 이 건물 앞으로 불러야지."

장 교수는 주머니에서 뭔가를 꺼내더니 겉면을 손가락으로 몇 번 콕콕 눌렀다. 작은 컴퓨터처럼 보이는 화면에 여러 가지 모양의 아이콘들이 늘어서 있었다. 몇 분 후 현욱의 재촉에 책상 앞에 앉아 있던 장 교수와 지훈이 건물 밖으로 나오자 마침 때맞춰 저만치서 차 한 대가 다가왔다.

"저거야! 저거!"

현욱이 반색을 하며 말하자 지훈은 고개를 쭉 빼고 자동차를 살폈다. 모양이 별난 건 아니었는데 지붕 위에 알 수 없는 물건들이 여럿 달려 있었다. 자동차가 점점 가까워지면서 지훈은 믿을 수 없는 사실을 깨달았다. 전면 유리창 안으로 보이는 차 안에는 사람 그림자 하나 보이지 않았다.

"어? 어? 어?"

당황한 지훈을 보며 현욱이 웃음을 터트렸다.

"거봐, 내가 어마어마한 거라고 했지?"

마침내 세 사람 앞에 멈춰 선 차 안에는 진짜로 아무도 없었다.

"우와! 이런 차가 진짜로 있었네요! 제가 진짜 좋아하는 프로그램이 〈전격제트작전〉이거든요. 마이클이 손목시계에다 대고 '키트! 도와줘!'라고 하면 자동차에 불이 탁 들어오면서 키트가 깨어나고 마이클을 구하러 달려오잖아요. 자기가 알아서 악당들을 공격하기도 하고, 가끔은 마이클한테 막 잔소리도 하고요. 전 그런 차는 텔레비전에나 나오는 건 줄 알았어요."

지훈은 들뜬 목소리로 자동차 안을 이리저리 들여다보며 쉴 새 없이 말을 쏟아냈다. 그때 옆에 있던 장 교수가 지훈을 돌아보왔다.

"〈전격제트작전〉? 네가 〈전격제트작전〉을 안단 말이냐? 허허.
30년도 넘은 프로그램인데 유튜브에서 용케도 찾아봤구나. 나도
참 재미있게 봤었지. 그러니까 사람 일은 모르는 거란 말이 맞아.
옛날에는 나도 그게 다 어느 먼 미래의 소설 같은 이야기라고 생
각했는데 지금 이걸 내 손으로 만들고 있을 줄이야."

장 교수는 자동차를 툭툭 치며 중얼거리듯 말했다. 그런 장 교
수를 바라보며 지훈은 생각했다.

'유튜브가 뭐지? 교수님이라서 그런지 내가 모르는 걸 정말 많
이 아시네. 근데 〈전격제트작전〉은 바로 지난 주말에도 텔레비전
에서 방영했는데…….'

그때 현욱이 두 사람 사이에 불쑥 끼어들었다.

"이게 바로 무인자동차라는 거야. 처음 보지? 나도 처음 봤을 때
는 완전 신기했어."

"무인자동차?"

눈이 달린 자동차

━━━

무인자동차란 말 그대로 사람이 타지 않는 자동차를 말한단다. 무인자동차는 로봇과 유사하다고 해서 이동형 로봇Mobile Robot이라고도 불려. 일반적으로 스스로 주행하는 능력을 갖고 있는 차들을 모두 '자율주행자동차'라고 부른단다. 자율주행자동차는 필요할 때마다 운전자가 개입하는 경우도 포함하며 개입 정도에 따라 여러 수준으로 나뉘어져.

자동차를 운전하다 보면 수많은 돌발 상황들이 발생하겠지? 무인자동차는 핸들이나 가속페달, 브레이크를 직접 조작하면서 어떤 돌발 상황도 잘 대처해야 하므로 인간 운전자만큼 뛰어난 운전기술을 가지고 있어야 해. 그러니까 자율주행자동차 중에서 사람이 전혀 타지 않는 자동차를 지칭하는 무인자동차의 운전 능력은 자율주행기술 중에서도 가장 높은 단계에 해당되는 거야. 결론적으로 말해서 무인자동차는 온갖 기술적 발전이 충분히 갖춰졌을 때 탄생할 수 있는 자율주행자동차의 완성판이라고 할 수 있지.

미국에서는 자율주행자동차의 기술을 1단계부터 5단계까지 총 다섯 가지로 나누고 있단다. 1단계는 우리가 일반적으로 알고 있는 자동차인데 주차 보조 기능, 정속 유지 기능과 같은 초보적인 기능이 포함된 단계야. 2단계는 부분적으로 자동차가 운전대와 페달을 스스로 제어할 수 있는 단계인데, 이 단계에서 자동차는 차선을 인식해서 차로의 중앙을 따라 주행하는 정도의 능력을 가지고 있지. 그렇지만 운전자는 반드시 전방을 주시하면서 상황 판단을 내리고 만일 위험한 상황에 처하게 되면 스스로 대처를 할 수 있어야 돼. 3단계에서는 고속도로와 같이 정해진 상황에서 차선 변경이나 끼어들기와 같은 높은 수준의 자율주행이 가능하지만 위험에 처했다는 긴급 신호가 울리면 반드시 운전자가 자동차를 통제하도록 되어 있지. 즉, 자동차는 위험한 상황이라는 것을 판단해서 운전자에게 알려주는 역할까지만 하고 대처는 운전자인 사람의 몫인 거야. 4단계로 넘어가면 정해진 지역이나 상황에서 운전자의 도움 없이 시스템에 의한 완전자율주행이 가능해지고, 5단계에 이르면 비로소 자동화가 완성되어서 어떤 도로에서도 자동차가 스스로 알아서 달릴 수 있고 어떠한 상황에서도 자율적으로 대처할 수 있게 돼.

4단계 자율주행자동차 SNUver 2(2016)

　지금 너희들 앞에 있는 이 차는 4단계 자율주행자동차란다. 어디에서나 자율주행이 가능한 단계는 아니고 학교 캠퍼스나 여의도, 상암동 등 서울 시내 일부 정해진 지역에서는 완전 자율주행이 가능한 자동차지. 너희들이니까 특별히 보여주는 거야. 아직 개발 중이라서 외부에 완전히 공개한 적이 없거든. 우리나라에서는 이 차가 최초지만 외국에서는 자율주행자동차가 실제로 거리를 돌아다니며 시범운행을 하고 있어. 우리나라보다 약 10년은 앞서간 셈이지. 서울과 같이 복잡한 도시를 달리는 게 가능해지면 본격적으로 자율주행자동차의 시대가 펼쳐지지 않을까?

근데요, 키트는 정말 멋지게 생긴 스포츠카잖아요. 그런데 이 차는 지붕에 뭐가 저렇게 많이 달려 있죠?

　저것들은 센서야. 사람도 운전할 때 눈이나 귀 같은 감각기관들을 통해서 들어오는 정보에 따라 주변 상황을 인식하고 판단을 하잖니? 자율주행자동차도 마찬가지란다. 자동차가 자율주행을 하기 위해서는 이동 중이거나 정지해 있는 차량, 보행자, 자전거 등 물체를 빠르고 정확하게 인식해야 해. 카메라, 레이다, 레이저스캐너(일명 '라이다'라고도 불린다), 초음파와 같은 센서들을 이용해서 주변 환경을 인식하고, 주행 상황에 따른 대응 방안을 결정하고, 주행 가능 경로를 찾아내는 거지. 자동차는 빠른 속도로 거리를 달리기 때문에 안전에 가장 신경을 써야 하잖니? 그래서 센서도 카메라처럼 비교적 가격이 저렴한 센서만으로는 부족하고 다양한 기능을 가진 비싼 센서들을 함께 사용해서 도로 주행 시 생길 수 있는 온갖 사고의 가능성에 대비하는 거야.
　또 주행 중에 자동차가 자신의 위치를 정확하게 파악하는 일도 중요한데 보통 그 일은 GPS 수신기를 사용해서 해결해. 아직까지는 이 센서들의 크기가 커서 저렇게 지붕 위에 얹고 다니거나 여기저기 부착하고 다니지만 앞으로 전자소자 기술이 발전해서 소형화가 되면 차 안 여기저기에 감출 수가 있게 될 거야. 그러면 진짜로 〈전격제트작전〉의 키트처럼 다른 차들의 외관과 구분이 가지 않는 말끔하고 멋진 차가 되겠지.

그러면 저기 달린 카메라가 이 자동차의 눈 같은 역할을 하는 건가요?

맞아. 다른 센서들에 비해 카메라 센서는 가격 경쟁력이 우수해서 가장 널리 활용되고 있어. 자동차는 이 카메라로 찍은 사진을 분석하여 물체를 탐지하고 종류를 구분하는데 여기에 사용되는 기술을 '컴퓨터 비전 기술'이라고 부른단다. 이 분야는 꽤 역사가 길고, 아마도 자율주행 관련 기술 중에서는 가장 많은 사람들이 연구하고 있는 분야일 거야. 사진 속에서 원하는 물체를 찾는 기술은 수학적 원리와 계산 량에 따라 종류가 엄청나게 다양해. 최근에는 인공지능 기술이 가장 성공적으로 접목되어서 괄목할 만한 성과를 내고 있는 분야이기도 하고 말이야.

카메라를 이용한 비전 기술이 그렇게 보편화된 기술이군요. 그럼 저 카메라들만 있으면 자동차가 어떤 물체라도 다 찾아내고 구분해 낼 수 있겠네요?

그건 아니지. 카메라를 이용한 컴퓨터 비전 기술*은 30년이 넘는 연구에도 불구하고 자동차 분야에 완벽하게 적용하기에는 여전히 기술적으로 불완전해. 근본적으로 카메라는 가시광선* 대역의 신호에 의존하기 때문에 빛의 양이나 명암의 차이에 따라 물건을 정확하게 탐지하는 성능이 크게 달라지거든. 자동차에 일반적으로 쓰이는 카메라는 인간의 눈과 비교하면 탐지 거리가 턱없이 짧고 시야각도 좁아. 그래서 나 같은 공학자들이 연구를 계속해나가고 있는 거지.

그래서 카메라 말고도 다른 센서들이 필요한 건가요?

카메라 외에 레이다와 레이저스캐너* 같은 센서들도 널리 사용되고 있는데 이 센서들도 한계가 있기는 마찬가지야. 레이다는 24 기가헤르츠GHz나 77 기가헤르츠GHz 같은 고주파 대역 이상의 신호를 이용해서 이동 중이거나 또는 정지해 있는 물체를 탐지해내는 건데, 원래는 군사용으로 사용되었어. 그런데 최근에는 가격 경쟁력이 좋아져서 자율주행의 초기 단계인 운전자 보조시스템의

• 컴퓨터 비전 기술 : 컴퓨터에 시각을 부여해 사물을 인식하게 하는 기술.
• 가시광선 : 사람의 눈에 보이는 전자기파의 영역.
• 레이저스캐너 : 비가시광 대역 레이저빔을 사용하여 3차원 좌표 상의 위치를 측정하는 장비.

핵심 부품으로 자리를 잡았단다. 그렇지만 물체의 형태까지는 파악할 수 없고 차량의 진행 방향과 수직인 방향으로는 탐지 오차가 비교적 크다는 단점 때문에 제한적인 목적으로만 사용되고 있지.

반면에 레이저스캐너는 물체의 종류를 구분해서 탐지할 수 있고 정확한 위치까지 식별할 수 있어서 가장 우수한 환경 센서로 인정받고 있어. 그런데 크기를 작게 만들기가 어렵고 가격이 비싼 게 단점이야. 그래서 사람들이 널리 사용하기가 힘들지. 그렇지만 기술의 발전 속도로 봤을 때 몇 년 이내로 레이저스캐너 기술도 뭔가 획기적인 도약을 하지 않을까 예상하고 있단다.

태어나서 처음 듣는 수많은 낯선 단어들이 지훈의 머릿속에서 뱅글뱅글 맴돌았다. 과학 시간과 수학 시간을 합한 것보다도 더 난이도가 높았다. 영화에서 막 튀어나온 것 같은 유령 자동차가 앞에 떡하니 버티고 서 있고, 역시나 영화에서 덩달아 튀어나온 것 같은 그 차를 만든 공학자가 입만 열면 온갖 알쏭달쏭한 어려운 말들을 쏟아내고 있었다. 그런데 그 옆에서 나이는 동갑인 주제에 마치 자기는 다 알아듣겠다는 듯 고개를 연신 끄덕거리고 있는 저 녀석은 도대체 뭐란 말인가. 장 교수는 멍한 표정을 짓고 있는 지훈과 빙글빙글 웃고 있는 현욱을 데리고 차의 뒷좌석에 올라탔다.

"이왕 이렇게 된 거, 그럼 다 같이 드라이브나 해볼까?"

차는 세 사람을 태우고 달리기 시작했다. 캠퍼스 안의 도로 주변에는 걸어 다니는 사람들도 꽤 있었다. 그런데 마치 사람이 운전하는 것처럼 신호등을 지키고, 횡단보도를 건너는 사람들을 기다리고, 앞서가는 차를 추월하기도 했다. 좌회전과 우회전은 말할 것도 없었다. 좁은 골목길에서는 사람이 운전하는 것보다 더 조심스럽게 달리는 것 같았다.

사고의 기억이 아직까지도 생생하게 남아 있는 지훈은 처음에는 손가락 끝이 하얗게 돼서 저릿저릿해지도록 온 힘을 다해 차문 손잡이를 움켜쥐었다. 그런데 척척 알아서 제 갈 길을 가는 차를 지켜보다 보니 불안했던 마음이 슬며시 누그러지면서 어느새 목을 쭉 빼고 좌석 사이로 텅 비어 있는 운전석을 이리저리 구경하느라 바빴다. 혹시 투명인간이 운전을 하고 있는 게 아니냐고 묻고 싶을 정도로 자율주행자동차의 운전 솜씨는 뛰어났다. 장 교수는 그런 지훈을 흐뭇한 표정으로 바라보았다.

"지훈이가 좋아하는 〈전격제트작전〉의 키트 같은 무인자동차가 어떻게 만들어지는지 알려면 자율주행자동차의 동작 원리를 이해하는 게 필요한데 말이야. 지훈이, 현욱이, 너희 둘 다 컴퓨터는 좋아하지?"

지훈은 학교 컴퓨터실에 있는 컴퓨터들을 떠올렸다. 집에는 컴퓨터가 없지만 학교에서 특별활동으로 컴퓨터를 배울 기회가 있을 때마다 빠지지 않고 갔다. 컴퓨터로 할 수 있는 것이 하나씩 늘어날 때마다 그보다 더 신나는 일은 없었다. 지훈이 머뭇거리는 사이에 현욱이 재빨리 대답했다.

"당근이죠! 아빠가 오래 못 쓰게 해서 문제죠! 물론 스마트폰이 있기는 하지만요. 헤헤."

지훈은 '스마트폰'이라는 말에 현욱을 물끄러미 쳐다보았다. 그런 지훈의 시선을 눈치채고 현욱이 말했다.

"왜? 넌 없어? 하긴 내 친구들 중에도 없는 애들이 많아. 스마트폰만 들여다본다고 부모님이 안 사주신대."

"현욱이 너도 안 사주려다가 하도 졸라서 사준 거야. 절대로 시간 낭비하지 않겠다는 약속은 지킬 거라고 믿는다. 안 그러면 알지? 자자, 자율주행자동차의 동작 원리에 대한 얘기를 계속해보자면, 자율주행자동차는 한마디로 '도로를 달리는 컴퓨터'란다."

장 교수의 이야기를 들으며 차의 대시보드를 훑어보던 지훈이 새치기하듯이 물었다.

"그런데 이 차가 '도로를 달리는 컴퓨터'라면 이 차 안 어디엔가 컴퓨터가 들어가 있는 건가요? 딱히 눈에 보이는 게 없어서요……."

자율주행자동차는 여러 종류의 센서를 통해 들어오는 엄청난 양의 정보들을 순간순간 처리하고 정확한 판단까지 해야 하기 때문에 특수한 컴퓨터 칩과 부품을 사용하는 고성능의 컴퓨터에 의존을 한단다. 이 차 안에도 특수한 컴퓨터들이 여기저기 숨어서 엄청난 양의 소프트웨어를 돌리고 있지. 너희들 혹시 알고리듬이라는 용어를 들어본 적이 있니?

알고리듬이란 소프트웨어 프로그램이 하는 핵심적인 일의 종류와 절차, 순서 등을 정해놓은 것이야. 사실 인공지능도 내부적인 동작의 방식을 정하는 수많은 알고리듬의 집합으로 이루어져 있고 인공지능을 개발하는 과정 또한 특수한 알고리듬들의 도움을 받아서 이루어지지. 알고리듬의 성능은 연산 회수와 속도, 메모리 사용량, 메모리 접근 빈도 등의 관점에서 측정이 되는데 알고리듬의 성능이 좋아야 전체 소프트웨어의 성능도 좋아지는 거란다. 알고리듬 개발에는 수학적 지식이 많이 사용되거든. 그러니까 당연히 수학을 잘하는 사람이 좋은 알고리듬을 설계하는 데 유리하겠지. 좋은 알고리듬일수록 값비싼 컴퓨터를 덜 사용하고도 높은 성능을 낼 수 있으므로 많은 사람들이 좋은 알고리듬을 개발하기 위해 엄청난 노력을 하고 있단다.

자율주행자동차에도 복잡한 알고리듬들이 많이 사용되고 있어. 그 알고리듬들은 주행 중 매순간마다 주변 환경을 정확하게 인식하고 인식된 결과를 바탕으로 합리적인 판단을 해야 해. 인식의 대상은 보행자, 자동차, 자전거 등 다양하고 그들의 미래 동선까지 예측해야 해. 판단의 수준도 무척 다양한데, 주변 물체들을 피해 가고 정지선에 맞춰 멈춰 서는 단순한 것에서 신호등이 없는 교차로에서 언제 좌회전과 우회전을 할 것인가, 또 중앙 분리선이 있는 2차선 도로에서 언제 중앙선을 넘어 추월할 것인가와 같은 난이도가 높은 것까지 있단다.

여기서 중요한 사실은 자동차가 달려가는 도중에 필요한 결과들을 제공해줄 수 있도록 이 알고리듬들이 실시간으로 작동해야 한다는 것이야. 다행스럽게도 자율주행차용 알고리듬들은 행렬 계산 등의 단순 반복적인 일을 많이 수행하므로 이런 목적에 적합한 특수 컴퓨터를 사용하면 실시간성을 만족시킬 수 있는 것이지. 실시간성이야말로 자율주행자동차가 필요로 하는 가장 중요한 요구 사항이라서 특수 고성능 컴퓨터를 사용할 수밖에 없단다.

"그런 고성능 컴퓨터와 여러 종류의 센서들을 사용하려면 돈이 엄청나게 들잖아요. 그렇게 비싼 자동차가 왜 필요한 거예요? 운전하기 귀찮을 때 사용하려고요?"

지훈이 고개를 갸우뚱거리며 물었다.

"음, 인간의 힘든 일 중 하나인 운전이라는 수고를 줄여준다는 점이 중요하긴 하지. 그렇지만 그보다 말이야…… 너 혹시 전 세계에서 일 년에 몇 명이나 교통사고로 사망하는지 아니?"

지훈은 교통사고라는 말에 움찔하고 놀랐다. 저절로 얼굴이 구겨지려고 했지만 아무것도 모르는 아저씨 앞에서 그럴 수는 없었다. 대신 지훈은 말없이 고개만 세게 내저었다.

자율주행자동차,
선택이 아닌 필수

━━━

　놀라지 마라. 매년 135만 명 이상이 교통사고로 목숨을 잃고 있
단다. 인간의 주요 사망원인 중 여덟 번째로 높아. 한국만 해도 교
통사고 사망자가 매년 4천 명에 이르고 교통법규를 비교적 잘 지
킨다고 하는 미국에서도 3만 명이 넘어. 사망까지는 아니더라도
교통사고로 다쳐서 평생을 고통 속에서 살아가는 사람까지 합하
면 수백만 명에 달하지. 교통사고로 인한 경제적 손실을 따지면
326조 7천억 원에 달한다니, 상상하기조차 힘든 액수지 않니? 그
런데 중요한 점은 말이다, 이 교통사고의 95% 이상이 운전자의
과실로 인해 발생한다는 거야.

　자율주행 기술의 가장 큰 혜택은 인간의 능력을 보완해서 교통
사고를 획기적으로 줄일 수 있는 거란다. 특히 고령화 시대에 접
어들면서 나이가 많은 운전자들이 늘어나다 보니 이들이 일으키

는 교통사고가 급증하고 있는 게 사실이야. 지난 10년간 75세 이상의 운전자들의 교통사고 비율이 163%나 증가했다는 통계 결과도 나와 있어. 그래서 자율주행 기술이 보편화되면 교통사고율이 줄어들게 되고, 더불어 노인들도 보다 안전하고 편리하게 이동할 수 있으니까 일석이조인 셈이지.

미국의 도로교통안전국NHTSA에서 노인 운전자들이 빈번하게 교통사고를 일으키는 몇 가지 상황에 대해 조사를 실시해보니 좌회전 구간이나 교차로 주행 시 매년 천 명 이상이 사망하고 60만 건 가까이 충돌사고가 발생한다는 결과가 나왔지. 그래서 이를 예방하기 위해 자율주행 보조시스템을 장착하도록 권유하고 있기도 하단다.

아빠, 저도 궁금한 게 있어요. 자율주행자동차가 도로를 달리는 컴퓨터라고 하셨는데 컴퓨터가 개발된 이후로 지금까지 컴퓨터 기술의 발달에 따라 우리 사회에 많은 변화들이 생겨왔잖아요. 그러면 앞으로 자율주행자동차는 어떤 변화를 일으키게 되는 건가요? 그저 안전하고 편리한 교통수단이라는 것 말고도 뭔가 다른 의미의 변화가 생기지 않을까요?

오호~ 아주 중요한 지적이야. 네 말대로 역사적으로 볼 때 과학기술의 발전은 사회에 큰 영향을 끼쳐왔지. 특히 컴퓨터의 혁신적인 발전은 사람들의 사고나 생활방식에 직접적으로 큰 변화를 가져왔단다.

너희들이 그렇게 좋아하는 컴퓨터의 역사는 1960년대에 미국 회사인 페어차일드 반도체와 인텔이 마이크로프로세서라는 반도체 소자를 생산하면서부터 시작되었어. 그 후 1980년대에 접어들어 마이크로소프트와 애플이 개인용 컴퓨터를 만들어 컴퓨터 대중화의 문을 열고, 비슷한 시기에 개발된 그래픽 사용자 인터페이스가 일반 사람들의 컴퓨터에 대한 접근성을 크게 높여주었지. 그 후 몇 년 뒤 컴퓨터 간 통신 기술이 성공적으로 개발되면서 인터넷이 시작되었고, 거기에서 한발 더 나아가 인터넷 상의 정보를 쉽게 검색할 수 있는 인터넷 브라우저가 등장하면서 컴퓨터 기술은 또 한 번의 큰 진보를 이루었어. 그리고 2000년대에 들어서서 구글을 비롯한 인터넷 회사들이 컴퓨터로 정보를 쉽고 빠르게 검색할 수 있도록 하면서 정보 기술이 획기적으로 발전했지.

이런 컴퓨터와 인터넷 기술을 바탕으로 2010년 무렵에는 소셜 네트워크 회사인 페이스북Facebook과 링크드인Linkedin이 인간 사회를 인터넷 온라인 세계로 이동시켜서 사람들이 공간을 초월해서 언제든 서로 연결될 수 있게 만들었어. 이것을 기반으로 지금까지 생각지도 못했던 새로운 서비스 개념까지 등장하게 되었지. 사회적으로 엄청나게 큰 변화가 시작된 거야. 그중에 대표적인 것이 최근 관심이 커지고 있는 공유경제형 서비스란다. 스마트폰으로 차를 가진 운전자와 차가 필요한 고객을 연결시켜주는 차량 공유 서비스인 우버^{Uber}나 자신의 집에 여유 공간을 가진 사람과 묵을 곳이 필요한 사람을 연결시켜주는 숙박 공유서비스인 에어비앤비 ^{Airbnb} 같은 새로운 공유경제형 서비스들이 등장하면서 사람들의 삶은 더욱 편리해졌지.

'구글? 페이스북? 소셜네트워크? 공유경제?…… 그리고 2000 년, 2010년이라는 건 또 뭐야? 앞으로 이런 일들이 일어날 거란 건가? 그래서 자율주행자동차와 무슨 관계가 있다는 거지?'

지훈은 '컴퓨터'라는 말을 빼고는 도무지 알아들을 수 있는 것이 없었다. 그러나 현욱 앞에서 괜히 모르는 티를 내고 싶지 않아 그저 입을 꾹 다물고 있었다. 대학생 누나와 형들에게 컴퓨터를 가르치는 공학자 교수님이신 데다 운전사가 없어도 알아서 가는 자동차를 만드시는 분이니 앞으로 개발될 어려운 기술들을 미리 예상하고 계실 게 틀림없었다. 컴퓨터 수업시간에 선생님이 아무리 천천히 설명을 해줘도 알쏭달쏭 이해가 안 되는 것이 얼마나 많았던가. 지훈이 뒤죽박죽인 제 머릿속을 들여다보다 지레 길을 잃은 사이 장 교수는 말을 이어갔다.

"공유경제란 물건을 개인적인 소유의 개념이 아니라 여럿이서 서로 대여해주고 빌려 쓰는 개념으로 인식하는 거야. 쉽게 말하자면 서로 번갈아가며 나눠서 쓰는 거지. 자신에게 필요한 것이지만 굳이 소유할 필요 없이 빌려 쓰고, 자신에게 당장 필요하지 않은 것은 다른 사람들에게 빌려주는 거야. 멋진 생각처럼 들리지 않니? 차, 집, 주방, 사무실, 심지어는 옷과 화장대에 이르기까지 지금껏 내 소유였던 모든 것들이 공유의 대상이 되는 거지. 그런데 공유되는 것을 이용하기 위해서는 기본적으로 그 대상이 있는 장소로 직접 찾아가야 해. 차도 예외가 아니라서 차를 빌려 타기 위해서는 차를 가진 다른 사람이나 차가 있는 장소로 내가 갈 수밖에 없어. 그렇지만 미래에도 그럴까? 차는 다른 것들과 달리 스스로 움직일 수가 있는데?"

"에이~ 당연히 차는 내가 있는 곳으로 찾아오겠죠. 운전하는 사람이 없어도 말이에요. 드론이 인터넷 쇼핑을 한 물건을 배달해주는 시댄데 두말하면 입 아프죠. 사람이 필요로 하는 것을 위해 로봇들이 직접 왔다갔다 하는 장면들은 영화에도 많이 나오잖아요."

말없이 듣고 있던 현욱이 냉큼 대답했다.

"하하, 그렇지. 자율주행자동차도 쉽게 말하자면 도로 위를 달리는 로봇인 셈이니까 서비스가 필요한 사람들을 직접 찾아가는게 당연한 일이겠지. 미리 예약을 하면 집을 나설 때 자동차가 시간에 맞춰서 나를 데리러 오고, 나를 데려다 주고 나면 또 다른 사람에게 서비스를 제공해주기 위해 알아서 떠나고 말이야."

두 사람의 대화를 가만히 듣고 있던 지훈은 여전히 이해가 잘되지 않았다. 내가 필요한 것을 돈을 주고 내 것으로 사는 것이 아니라 여러 사람이 돈을 내고 산 나의 소유물을 함께 나눠쓴다?

"음…… 빌려 쓰는 자동차라면…… 렌터카가 있잖아요. 그러면그것도 공유경제라고 할 수 있는 건가요?"

"맞아. 렌터카도 돈을 내고 차를 일정 기간 동안 빌려서 운전하는 방식이니 공유경제의 한 방법이지. 그런데 차량 공유는 차를 빌린다는 개념보다 서비스를 빌린다는 개념이라고 할 수 있어. 목적지까지 차를 이용하는 것뿐이거든. 택시 서비스와 비슷하지만 차의 소유자는 개인이지."

지훈은 택시라는 말이 나오자 귀가 번쩍 뜨였다.

"아~ 그러니까 자가용 운전자가 택시 같은 영업을 한다는 얘기군요. 그런데 차량 공유가 자율주행자동차와 무슨 관계가 있어요?"

"자율주행 기술은 가장 중요한 안전성과 편리함이라는 직접적인 혜택 외에도 미래에 공유경제를 실현시켜줄 중요한 기술로 인식되고 있어. 특히 차량 공유에 있어서 자율주행 기술은 가장 이상적인 단계로 나아가기 위한 핵심 기술이지. 아까 지훈이가 얘기한 렌터카처럼 가장 쉬운 모델부터 예를 들어서 설명을 해줄 테니 잘 들어보렴."

기존의 렌터카 서비스의 경우는 지정된 장소에서 차를 빌려야 하고 빌리는 시간의 단위도 날짜를 기준으로 해. 당연히 불편하고 요금도 비싸겠지. 이보다 조금 더 개선된 방식이 시간 단위로 요금을 부과하는 건데 비용은 절감이 되겠지만 여전히 정해진 장소에서 차를 빌려야 한다는 불편함은 남아 있지. 여기에서 차를 빌리는 장소를 대폭 늘리고 차를 반납할 때도 이 장소들 중 아무 데서나 할 수 있다고 해보자. 그러면 좀 더 편리해지겠지. 차를 빌릴 때나 반납할 때 근처에 있는 지정된 장소를 이용하면 되니까 말이야. 서울시에서 시작한 공유자전거 서비스인 '따릉이'가 바로 이런 방식으로 운영되고 있어. 그런데 자전거를 빌리거나 반납하는 장소가 몇 군데로 한정되면 수요와 공급 사이에 불균형이 생길 수가 있지. 어떤 곳은 빌리려는 사람이 많은데 자전거가 부족하고, 어떤 곳은 반납된 자전거들이 넘쳐나는데 빌리려는 사람은 별로 없을 수 있으니까. 그래서 '따릉이' 같은 경우에는 관리인이 화물차로 자전거를 이곳저곳으로 실어 날라서 수요와 공급을 맞추려고 노력을 하고 있는 중이야.

　그렇다면 차를 아예 임의의 장소에서 빌리고 반납할 수 있다면 어떨까? 굉장히 편리하겠지? 자동차를 가진 사람과 자동차가 필요한 사람을 온라인 플랫폼을 통해 일대일로 직접 연결을 해서 예약을 받고 임의의 장소에서 자동차를 넘겨받거나 반납할 수 있게 하는 거야. 그런데 이 방식은 다른 고객을 위한 임의의 장소까지 차를 이동시킬 운전사를 고용해야 한다는 문제가 생겨. 그런데 이런 차량 공유 방식에 자율주행 기술을 결합시킨다면 그 문제가 깔끔하게 해결이 될 수 있지 않을까? 차가 필요한 사람이 지정한 장소로 차가 직접 찾아오고, 차를 다 사용하고 나면 또 다른 장소로 차가 알아서 스스로 이동하니까 따로 운전사가 필요 없고 차를 이곳저곳으로 배차시키려고 머리를 쓰지 않아도 되잖아. 비용 절감이나 공급과 수요 관리 측면에서 혁신적인 발전이라고 할 수 있지. 공유경제의 새로운 방식이면서 동시에 가장 이상적인 형태인 셈이야. 내가 원하는 서비스가 나를 찾아오는 세상이 시작되는 거지.

요즘 길거리에서 전기 자전거나 전기 킥보드처럼 휴대가 가능한 일인용 교통수단들을 본 적이 있지? 공유 대상이 되는 이동수단에 자동차뿐만 아니라 전기 자전거나 전동 휠, 전기 킥보드, 세그웨이Segway 등 다양한 개인용 이동 수단들까지 포함시키고 IT 기술을 활용해서 멀티모드Multi-mode로 모두 연결해서 이용한다면 공간적으로나 시간적으로나 이동의 효율성이 획기적으로 향상될 거야. 그러면 궁극적으로 사람들이 꿈꾸는 스마트 모빌리티Smart Mobility 시대에 진입할 수 있게 되는 거란다. 스마트 모빌리티란 한마디로 훨씬 똑똑해진 교통 서비스인 거지.

어떤 학자들은 차량 공유 개념과 자율주행 기술의 결합이 본격적으로 시작되면 사람들이 자동차를 지금보다 훨씬 덜 사게 되고 국가나 사회적으로 여러 가지 긍정적인 효과들을 가져올 것이라고 예상하고 있어. 우선 차량 대수가 줄어들면 새로운 도로를 건설할 필요가 없어지니까 국가 예산의 지출을 줄일 수 있고, 주차장으로 사용되던 공간을 다른 용도로 전환시킬 수도 있고, 집을 사거나 지을 때 주차공간을 마련하기 위해 들어가는 돈도 아낄 수 있을 테니 말이야.

와~ 그런 사회가 빨리 오면 좋겠어요. 그런데 자동차는 기계잖아요. 교수님 같은 전자공학자가 어떻게 자동차를 만들 수 있는 거예요?

요즘 시대의 자동차는 그저 사람을 실어 나르는 단순한 기계가 아니야. 그 안을 들여다보면 기계와 전자, 전기, 컴퓨터 등 온갖 공학기술들이 결집되어 있는 하나의 종합예술작품이라고 할 수 있단다. 특히 자율주행자동차가 등장하면서 주행에 필요한 모든 핵심적 기술들이 소프트웨어 프로그램으로 구현되게 되었지. 그것도 하나의 단일 소프트웨어가 아니라 여러 가지 하위 소프트웨어들이 하나의 시스템으로 구성된 고도의 복잡한 시스템으로 말이야. 그런데 이렇게 방대한 소프트웨어들도 결국은 기계 부품을 구동시키는 전자식 하드웨어 제어장치를 작동시키는 것이 주목적이야. 여기에 필요한 게 전자공학적 지식들이니까 자율주행자동차 개발도 전자공학자들이 더 잘할 수 있는 거지. 전자공학 전공자들은 자율주행에 관련된 하드웨어와 소프트웨어 두 분야를 다 잘 이해할 수 있고 학교에서 배우는 내용도 자율주행자동차와 관련성이 높거든.

"말만 들어도 엄청나게 할 일이 많지 않니? 그래서 그렇게 오랫동안 팥빙수를 먹으러 못 갔던 거야."

지훈은 팥빙수라는 말에 쿡ㅡ하고 웃음이 났다.

"전 또 이사를 가셨나 했어요."

"이 녀석 스누버 때문에 그런 거라니까."

"스누버요?"

"이 차 이름이야."

"어? 영어단어 중에 '스누즈Snooze'라고 있지 않나요? 잠깐 눈을 붙이다, 뭐 그런 뜻인 것 같은데 그거랑 비슷하네요. 차가 가는 동안 잠깐 눈 좀 붙이세요, 뭐 이런 의민가요?"

"하하핫, 꿈보다 해몽이 아주 그럴싸하구나. 사실 스누버는 '서울대학교가 개발한 자율주행차, 그러니까 영어로 SNU Automated Driver에서 따온 말이란다."

꿈보다 해몽이라니. 이보다 어떻게 더 꿈 같은 일이 있을 수 있단 말인가. 월요일마다 교실에서 침을 튀겨가며 주말에 봤던 〈전격제트작전〉 이야기를 하는 친구들도 그런 자동차를 진짜로 타봤다고 하면 과연 믿어줄까? 지훈은 손을 올려놓고 있던 앞좌석 등받이를 괜스레 툭툭 쳐보았다.

그때 차가 교수 연구실이 있는 건물 앞에 멈춰 섰다. 마지막으로 차에서 내린 현욱이 앞서가던 두 사람을 불러 세웠다.

"우리 사진 한 장 찍어요!"

"아, 그럴까?"

장 교수는 지훈을 데리고 차 앞으로 돌아가서 현욱과 나란히 섰다. 그러자 현욱이 호주머니에서 조그만 사각형 기계를 꺼내더니 팔을 앞으로 쭈욱 내밀었다.

"자, 자, 이리로 가까이~ 얼굴들을 모아보세요. 김~치!"

지훈은 화면에 떠 있는 제 얼굴을 보고 깜짝 놀랐다. 카메라 창을 보면서 사진을 찍는 카메라라니, 들어본 적도 없었다. 현욱이 빨간색 동그라미를 손가락 끝으로 콕하고 누르자 찰칵- 하는 소리가 들렸다.

"이렇게 작고 얇은 카메라도 있네?"

"이거? 이거 스마트폰이잖아. 지난번 생일 때 한 석 달 전부터 아빠를 졸랐더니 결국 최신형으로 사주셨어. 큭큭."

"폰? 폰이면…… 전화기?"

'우리 집에 있는 전화기는 이런 모양이 아닌데…… 이런 전화기도 있었나? 전화기를 어떻게 들고 다니지? 신기하네…….'

지훈은 연구실로 올라가는 두 사람을 뒤따라 걸으며 생각에 잠겼다.

작은 용기

<hr>

"넌 스마트폰이 없으니까 내가 사진을 뽑아서 줄게. 아빠, 그래도 되죠?"

"어, 그래. 사진 용지는 프린터기 안에 들어 있을 거다."

현욱은 교수 연구실 문을 들어서자마자 장 교수의 책상 위에 놓인 컴퓨터 쪽으로 달려갔다. 얄팍하고 미끈하게 생긴 모니터 뒤에 앉아 키보드를 몇 번 탁탁 눌렀더니 창가의 테이블 위에 놓인 프린터기가 윙하는 소리를 내며 돌아갔다. 이윽고 지훈에게 다가온 현욱은 사진 한 장을 내밀었다. 조금 전에 건물 앞에서 스누버와 함께 찍은 기념사진이었다.

"자, 선물!"

"우와! 사진관에 안 가도 여기서 바로 나오네?"

"사진관? 어우, 거기를 왜 가? 이렇게 사진으로 출력하는 것도 귀찮아서 잘 안 하는데. 스마트폰에 저장해놓고 그냥 꺼내보는 게 훨씬 편하지. 혹시 저런 거라도 만들고 싶다면 모를까……."

현욱이 손가락으로 가리킨 것은 건너편 책장 선반 위에 놓인 장식용 접시였다. 비스듬하게 세워진 접시 한가운데에 장 교수의 사진이 박혀 있었다. 자동차 앞에서 목에 금빛으로 반짝거리는 메달을 걸고 환하게 웃고 있는 사진이었다.

"어? 아저씨네? 어디서 금메달이라도 따셨나 봐요?"

장 교수도 덩달아 사진을 쳐다보았다.

"아, 저거? 몇 년 전에 자율주행 경진대회에 참가한 적이 있거든. 그때 십여 개의 팀이 있었는데 그중에 최우수상을 받고 기념 사진을 찍은 거야."

"근데 스누버가 아니고 다른 차인 것 같은데요?"

사진을 눈여겨보던 지훈이 말했다.

"여~ 눈썰미가 여간 아닌데~ 맞다. 당시만 해도 한국에서는 낯선 분야였고 이런 일을 해본 사람들도 많지 않은 데다 나도 막 연구를 시작한 때라 그저 튼튼하고 출력이 큰 차를 찾다 보니 스포츠형 다목적차량인 SUV를 선택하게 된 거지."

장 교수가 말을 마치자마자 현욱이 기다렸다는 듯 끼어들었다.

"아빠가 만든 스누버는 한국 최초의 자율주행자동차야. 사람들이 그런 차는 영화에나 나오는 거라고 생각할 때 아빠는 그런 차를 진짜로 만들기 시작했다 이거지."

"우와. 한국 최초! 정말 멋지네요! 아저씨는 이런 기술을 개발해야겠다는 생각을 어떻게 하시게 된 거예요?"

장 교수는 신이 난 것 같은 두 아이를 바라보며 싱긋 웃었다.

"누구나 인생에서 적어도 몇 번의 기회를 만나게 되어 있어. 그런데 똑같은 기회가 주어져도 누구는 그것을 멋지게 활용하고, 또 누구는 그냥 흘려보내고 말지. 전자의 사람들은 나름 비결이 있단다."

"네? 비결이요?"

'비결'이라는 말에 지훈은 귀가 쫑긋해졌다.

"간단해. '작은 용기'를 내어서 실천을 해보는 거야."

"에이~~~~~."

지훈이 금세 이마를 찌푸리며 손사래를 쳤다.

"그런 비결이 어딨어요? 뭔가 전문가만의 특별한 비결을 가르쳐 주셔야죠!"

"허참, 진짜라니까. 생각은 누구나 할 수 있고 꿈도 누구나 꿀 수 있지만 그것을 누가 먼저 실천하는가가 제일 중요한 거란 말이지. '아, 그때 용기를 내서 한 번 해볼 걸.' 하며 후회하는 것보다는 '에이, 괜히 시작했나?'라고 후회하는 편이 훨씬 낫다고 하잖니? 바로 그 작은 차이가 엄청난 결과의 차이를 만들어내는 거야. 일단 도전을 한 사람들은 설령 실패를 하더라도 경험이라는 소중한 재산이 생기게 돼. 그리고 자신이 도전을 했다는 자신감이 생기고, 또 언제든 다시 도전할 수 있는 용기도 얻게 되지."

이제 지훈과 현욱은 진지한 얼굴로 장 교수의 이야기에 귀를 기울이고 있었다.

"아저씨…… 아니, 이제는 교수님이라고 불러야 할까 봐요. 교수님한테는 그 작은 용기라는 게 뭐였어요? 비싼 차를 사가지고 실험하느라 막 뜯어내는 거요?"

"큭큭. 그것도 용기가 필요하긴 했지. 그런데 나에게 진짜 작은 용기는 책상 앞에 앉아서 컴퓨터로만 연구를 하던 사람이 어느 날 갑자기 자동차를 만들어보겠다고 나선 것이었어. 나를 둘러싸고 있던 생각의 벽을 깨는 일이었지. 사람이라는 게 말이야 무언가에 익숙해지면 점점 마음이 편안해지고 거기서 벗어나고 싶지가 않게 돼. 그렇게 안주를 하게 되고 시간이 흐르면서 점점 안일해지는 거야. 그런데 굳이 뭔가를 새롭게 시작해보겠다고 도전하는 게 쉽지 않지. 한 번도 가보지 않은 낯선 길을 가려면 얼마나 두렵겠니? 그래서 용기가 필요한 거야. 그런데 놀라운 것은 그렇게 한 번 용기를 내서 그 길에 발을 내디디는 순간 나 자신뿐만 아니라 내가 살고 있는 세상에도 변화가 시작되고 있더라는 거야."

지훈은 장 교수를 쳐다보며 야무지게 고개를 끄덕거렸다.

"아저씨는 이런 기술을
개발해야겠다는 생각을 어떻게 하시게 된 거예요?"
"누구나 인생에서 적어도 몇 번의 기회를 만나게 되어 있어.
그런데 똑같은 기회가 주어져도 누구는 그것을 멋지게
활용하고, 또 누구는 그냥 흘려보내고 말지.
전자의 사람들은 나름 비결이 있단다."
"네? 비결이요?"

"작은 용기를 내어서 실천을 해보는 거야.
생각은 누구나 할 수 있고 꿈도 누구나 꿀 수 있지만
그것을 누가 먼저 실천하는가가 제일 중요하단다.
작은 차이가 엄청난 결과의 차이를 만들어내는 거야.
일단 도전을 한 사람들은 설령 실패를 하더라도
경험이라는 소중한 재산이 생기게 돼.
그리고 자신이 도전을 했다는 자신감이 생기고,
또 언제든 다시 도전할 수 있는 용기도 얻게 되지.
나에게 진짜 작은 용기는 책상 앞에 앉아서
컴퓨터로만 연구를 하던 사람이 어느 날 갑자기
자동차를 만들어보겠다고 나선 것이었어.
나를 둘러싸고 있던 생각의 벽을 깨는 일이었지."

"저도 처음 컴퓨터를 배울 때 그랬어요. 숫자들이랑 이상한 기호들을 막 뒤섞어서 프로그램을 만들잖아요. 수학도 잘 못하는데 내가 과연 이걸 제대로 이해나 할 수 있을까 엄청 걱정했는데, 웬걸 용기를 내서 시작하고 나니 배울 때마다 너무 재미있는 거예요. 물론 엄청 힘들긴 했지만요. 너무 복잡해서 눈이 막 뱅글뱅글 도는 것 같았어요. 그래도 그때 용기를 내지 않았으면 지금 완전 컴맹일 거예요."

"오, 코딩을 배웠나 보구나. 작은 용기가 아니라 큰 용기를 냈었네. 잘했다. 그리고 일찍 코딩을 배운 것도 잘한 일이야. 우리가 다른 나라 사람들과 의사소통을 하기 위해 외국어를 배우는 것처럼 컴퓨터와 의사소통을 하려면 수학적 표현법으로 된 코딩이 필요하지. 그렇지만 앞으로 인공지능 기술이 더 발전하면 사람이 굳이 직접 코딩을 하지 않더라도 컴퓨터가 알아서 척척 해줄 거야. 자율주행자동차도 지금은 사람이 이런 상황에서는 이렇게 하고 저런 상황에서는 저렇게 하라고 규칙을 정해주어야 하지만 앞으로는 사람이 가르쳐주지 않아도 컴퓨터가 스스로 어떻게 운전하면 될지를 모두 정하는 날이 올 걸."

"우와. 그럼 진짜로 길 위에 차들은 다니는데 운전하는 사람은 하나도 없는 날이 오겠네요?"

옆에서 장 교수와 지훈의 대화를 잠자코 듣고 있던 현욱이 물었다.

"그렇지. 오늘 너희들이 타본 스누버는 그런 새로운 시대를 위한 첫 단계에 불과해. 앞으로 20년, 30년 후가 되면 세상의 모든 차들이 자율주행자동차로 바뀌게 될 거야. 그리고 그때는 사람이 운전하는 것이 법으로 금지될 수도 있어. 사람이 운전하는 게 훨씬 더 위험하니까 말이야."

마침 지훈은 테이블 위에 놓여 있던 장난감 자동차를 가지고 장난을 치고 있었다. 뒤로 쭉 당겼다가 손을 놓으면 장애물을 요리조리 피해서 달려가는 자율주행 장난감 자동차였다. 미래에는 이런 차들만 거리를 달리게 된단 말이지? 그때 문득 병원에 누워계신 아빠가 머릿속에 떠올랐다. 진짜로 그런 세상이 되면 장 교수의 말처럼 아빠 같은 사람들은 더 이상 필요 없어지게 되는 게 아닌가. 지훈은 장난감 자동차를 손에 쥐고 자리에 앉은 채 꼼짝도 하지 않았다. 제대로 걷지도 못하시는데 다른 일자리까지 알아봐야 하는 아빠의 처지가 생각나자 신이 나서 한껏 밝아졌던 얼굴이 소나기를 잔뜩 머금은 하늘처럼 어두컴컴해졌다.

"저 그만 가볼게요."

마침내 의자에서 일어서며 지훈이 말했다.

"응? 어디로 가게? 집을 못 찾겠다며? 우리가 같이 가서 찾아줄게."

옆에 앉아 있던 현욱이 놀라며 말했다.

"아니야. 괜찮아. 저도 왜 그랬는지는 잘 모르겠는데요, 집 말고 아빠가 계신 병원으로 가면 돼요. 엄마가 빵 사오라고 주신 돈도 그대로 있으니까 정 안 되면 이걸로 택시를 타죠, 뭐. 오늘 감사했습니다! 안녕히 계세요! 다음에 또 봬요! 현욱, 너도 안녕!"

지훈은 현욱과 장 교수가 말릴 틈도 없이 쌩하고 연구실 밖으로 뛰쳐나갔다. 사실은 딱히 가야겠다는 결심을 했던 건 아니었다. 아저씨와 현욱이 즐겁게 이야기를 나누는 소리를 들으며 앉아 있으려니 더 있다가는 진짜 울지도 모른다는 생각밖에 나지 않았다.

한참 캠퍼스 안에 난 작은 길을 따라 정신없이 달리다가 커다란 교문처럼 생긴 문을 지나니 큰길이 나타났다. 그런데 뭔가가 이상했다. 아니, 아저씨를 따라 그 빵집을 나온 순간부터 이상하고 이해가 되지 않는 것이 한두 가지가 아니었다. 그리고 지금 눈앞에 펼쳐진 이 풍경은 그 이상한 것들이 한꺼번에 펼쳐진 느낌이었다. 오가는 사람들의 요상한 옷차림에서부터 한 번도 본 적 없는 유리로 된 높은 빌딩들, 그리고 한 번도 본 적 없는 상점들…… 심지어 지나가는 버스의 모양도 낯설었고 인도에 깔린 벽돌 모양까지 이상했다. 지훈은 그 자리에 얼어붙은 듯이 서서 겁먹은 눈으로 사방을 둘러보았다.

'뭐지? 내가 지금 어디에 있는 거지?'

지훈은 불안한 마음을 애써 가다듬으며 차도 가까이로 다가가 손을 번쩍 들었다. 그러자 저만치에서 자동차 한 대가 전조등을 깜빡거리며 다가와 섰다. 지붕 위에 '택시'라고 쓰인 표시등을 보니 택시가 확실한 것 같았지만 아빠의 택시와는 생김새가 완전히 달랐다. 뒷문을 열고 차에 올라타자 기사 아저씨가 지훈을 돌아보았다.

"어? 너 혼자니?"

"아…… 네. 엄마가 계신 데까지 가야 하는데 제가 길을 잘 모르니까 택시를 타고 오라고 그러셔서……."

기사 아저씨의 살피는 듯한 눈길에 지훈은 그냥 생각나는 대로 둘러댔다.

"오, 그래? 어디까지 데려다줄까?"

"저기…… 신림동에 있는 그랑프리 쇼핑센터 근처로 가면 되는데요……."

"그랑프리 쇼핑센터? 거긴 지금 없어졌는데?"

"네?…… 없어졌다고요?"

"그 근처가 다 재개발이 돼서 큰 백화점이랑 빌딩들이 들어선 지 좀 됐지. 그런데 네가 그 이름을 어떻게 아니? 한참 전인데?"

"그게…… 분명히 얼마 전에 엄마가 거기에서 제 옷을…… 음…… 이상하네, 이게 어떻게 된 거지?"

기사 아저씨가 당황한 표정으로 혼잣말을 중얼거리는 지훈을
쳐다보며 물었다.

"그러지 말고 엄마가 계신 데가 어딘지 아저씨한테 말해볼래?
아저씨네 집이 이 근처라서 골목길도 빠삭하게 알거든."

"아…… 그…… 빵집이요. 그랑프리 쇼핑센터 근처 골목길에
있는 건데요. 테이블이 딱 두 개밖에 없는데 팥빙수가 진짜 맛있
는 집이거든요. 그 집 아줌마가 직접 만든대요. 거기가 어떻게 생
겼느냐면요……."

"아! 거기! 알지, 잘 알지! 옛날 팥빙수집!"

아저씨는 말을 다 마치기도 전에 차를 몰고 도로로 나섰다. 십
여 분을 달린 끝에 택시는 처음 보는 빌딩들 사이로 난 길에 들어
섰다. 초입은 널찍하던 길이 점점 골목길처럼 좁아지는가 싶더니
이내 아저씨가 차를 세우고 지훈을 향해 몸을 돌렸다.

"다 왔다! 여기 맞지?"

지훈이 창밖을 내다보자 익숙한 빵집 모습이 눈에 들어왔다. 마
치 길을 잃고 헤매다 집이라도 찾은 것처럼 반가움에 왈칵 눈물이
라도 쏟아질 것 같았다.

"네! 맞아요! 아저씨, 정말 감사합니다."

지훈은 연신 고개를 꾸벅거리다가 미터기를 곁눈질로 확인했
다. 그리고는 소스라치게 놀라고 말았다. 엄마가 빵을 사오라고

쥐어준 돈으로는 턱도 없는 액수가 찍혀 있었다.

'헉. 말도 안 돼. 이걸 어쩌지? 이 돈으로는 어림도 없네…… 거리도 얼마 안 됐는데 왜 요금이 저렇게 많이 나온 거지?'

울상이 된 지훈의 얼굴을 살피던 아저씨가 슬며시 미터기를 끄며 말했다.

"얼른 엄마한테 가보렴. 어차피 아저씨도 밥 먹으러 집에 들를 참이었으니까 가는 길에 데려다준 셈 치지 뭐."

"아이 참, 아저씨. 죄송해서 어쩌죠? 엄마가 택시비를 잘못 계산하셨나 봐요…… 정말 감사합니다."

지훈은 택시에서 내리고 난 뒤에도 창문 너머로 기사 아저씨를 향해 허리를 구부려 인사를 했다. 그리고는 멀어져가는 택시를 지켜보다가 뒤꽁무니가 저만치 가물가물해지고 나서야 뒤를 돌았다.

빵집 문이 바로 앞에 있었다. 아저씨를 쫓아 저 문을 나온 것이 불과 몇 시간 전인데 그 사이 마치 4차원의 세상에라도 덜컥 떨어진 것처럼 얼마나 많은 낯선 것들을 보았던가. 손바닥만 한 전화기와 스누버를 떠올리자 갑자기 속이 울렁거렸다.

지훈은 불안한 마음으로 천천히 빵집 문을 열었다. 약간 색이 진해진 것 같은 문틀의 페인트와 손잡이의 느낌이 묘하게 다른 건 순전히 기분 탓일 것이다. 안으로 들어선 지훈의 눈에 익숙한 두 개의 테이블이 들어오자 그제야 지훈은 안도의 한숨을 내쉬었다.

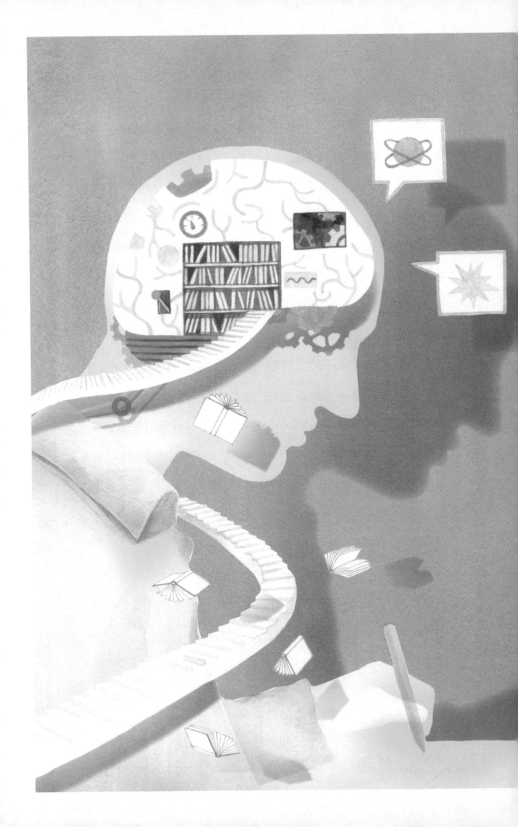

3장

비밀의 열쇠

포기하는 건 언제든 할 수 있는
가장 쉬운 일이야

세상에는 사람들의 외면을 받아도 물러서지 않는
사람들이 있어. 어떤 이는 이걸 괜한 고집이라고 하지만
그건 자신의 소신을 믿는 거란다.
과학기술의 발전에서 한 단계 새로운 도약의 계기를
만들어내는 사람들은 바로 이런 사람들이야.
포기하는 건 언제든 할 수 있는 가장 쉬운 일이거든.

인공지능의 겨울

"엄마! 지금 몇 시에요?"

"아유, 참. 녀석도 유난을 떨기는. 삼촌이 그렇게 보고 싶었니?"

"히힛. 맨날 편지만 받았는데 진짜 얼굴을 보는 건 오랜만이잖아요."

"그렇긴 하지. 이제 슬슬 올 때가 됐어. 아빠가 병원에만 계시지 않았어도 공항까지 데리러 갔을 텐데 말이야……."

엄마는 말끝에 쯧, 하고 혀를 차더니 이내 다시 걸레질을 하기 시작했다.

"삼초오오오온!"

지훈이 현관문을 열고 들어선 대철을 향해 달려갔다. 목을 안고 매달린 지훈 때문에 허리를 90도로 꺾으며 대철은 웃음을 터트렸다.

"아이고, 지훈아. 살살 좀 하자. 가방부터 좀 내려놓고, 응?"

"삼초오오온!"

"어이구, 그래, 그래. 삼촌도 반가워!"

대철은 지훈을 안아 올리며 옆에서 빙그레 웃으면서 지켜보고 있던 누나에게도 손을 흔들어 인사를 했다.

"욘석이 삼촌만 기다린 건 아닐 테고. 맞지? 실은 삼촌이 사온 선물을 기다린 거지?"

"헤헤헤. 그럴 리가요!"

말은 그렇게 하면서도 지훈은 짐을 풀기 시작한 삼촌 곁에 바싹 붙어 앉았다.

"이번에 삼촌이 널 위해 재미있는 것을 사왔지. 짜잔~!"

삼촌이 가방 안에서 꺼낸 것은 검은 색 계산기였다.

"우와! 더하기, 빼기, 곱하기, 나누기, 제곱근…… 이런 것도 다 되는 거네요? 아싸! 이것만 있으면 앞으로 수학 숙제는 식은 죽 먹기겠어요."

"아니지, 아니지. 이건 보통 계산기가 아니라 공학용 계산기야. 공학문제를 풀다 보면 도저히 그냥 계산할 수 없는 것들이 있는데 그런 경우에 컴퓨터처럼 사용할 수 있는 기계란다. 네가 수학 시간에 배우는 것은 머리를 사용해서 계산하는 문제들이고 이 계산기의 힘을 빌려야 할 만큼 복잡한 문제는 나올 리가 없지."

"엥…… 공학용 계산기라고요? 그런데 삼촌은 이런 걸 어떻게 알고 사오신 거예요?"

"어떻게 알고 사오다니. 이 녀석, 넌 삼촌이 뭐하는 사람인지도 모르지? 삼촌이 하는 일이 인공지능을 개발하는 거야. 영화에서 봤지? 사람처럼 생각하고 판단하는 컴퓨터 말이야. 너한테 선물로 준 이 계산기는 사람이 시키는 일만 하지만 인공지능은 사람이 시키지 않아도 자기가 알아서 문제를 해결할 수가 있지."

"그러니까 〈전격제트작전〉에 나오는 키트 같은 자동차를 말씀하시는 거죠?"

"그렇지. 너 아직도 그거 열심히 보고 있구나? 키트가 마이클이 위험에 처했을 때 번개처럼 나타나서 구해주기도 하고 똑똑한 비서 역할도 척척 해내는 건 바로 인공지능 기술 덕분이야."

"근데 삼촌. 실은요, 저 며칠 전에 키트 같은 자동차를 진짜로 타봤어요. 운전사도 없는데 자동차가 자기 혼자 알아서 막 가더라고요!"

"뭐라고? 하하하하! 너 또 텔레비전 틀어놓고 엎드려서 방학 숙제하다가 졸았지? 키트가 꿈에도 나올 정도로 좋냐? 공학용 계산기 말고 키트 장난감으로 사올 걸 그랬나?"

"삼초오온! 놀리지 마세요. 진짜라니까요! 정말로 운전사가 없

는 차였다니까요!"

"오~ 그래, 그래~ 그랬겠지~ 아무렴."

"아이 참! 안 믿으시네. 삼촌이 개발하고 있다는 그 인공지능 기술이면 키트 같은 자동차도 얼마든지 만들 수 있는 거 아니에요?"

지훈의 말에 짓궂게 웃던 대철의 얼굴에서 장난기가 사그라들었다.

"음…… 관련은 있지만 좀 달라. 부끄러운 얘기지만 텔레비전이나 영화에 나오는 인공지능 기술은 아직까지도 온전히 사람들의 상상일 뿐이야. 실제로는 근처도 가지 못했거든……."

인공지능에 대한 연구가 처음 시작된 1950년대 후반부터 약 10년 동안에는 사람들이 인공지능에 대해 엄청난 기대를 가졌었어. 이때의 인공지능은 '추론과 탐색 기술'에 기반을 둔 거였는데 컴퓨터가 스스로 진행 경로를 추적하고 빠른 속도로 결론을 찾아내는 걸 본 사람들은 인공지능이 모든 문제를 해결할 수 있게 될 거라고 기대를 했지. 그런데 그 당시 지식과 경험, 기술로 사람의 추론 능력을 따라하기에는 완전 역부족이었지. 그 후 희망이 실망으로 바뀌었고, 약 10년 이상 침체기를 겪었어. 이것이 인공지능의 첫 번째 겨울이었지. 1980년대 초에 들면서 연구자들은 막연한 낙관론 대신 좀 더 현실적인 목표를 가지고 연구를 하기 시작했단다. 실용적으로 특정 분야에서 인간의 역할을 할 수 있는 인공지능을 개발하는 쪽으로 방향을 잡은 거지. 그러면서 각 분야별로 방대하게 쌓여 있는 '지식'을 컴퓨터에 입력해주면 컴퓨터가 그 분야의 전문가처럼 의사결정을 내릴 수 있을 거라고 믿었단다. 사람의 뇌가 어릴 적부터 학습을 통해 저장해온 지식을 기반으로 작동한다고 생각했기 때문이지. 이런 인공지능 기술을 '전문가 시스템'이라고 불러.

현재 삼촌도 미국에서 전문가 시스템에 대해 연구하고 있는데 특별히 대규모 전력망을 효율적으로 제어하는 일에 인공지능을 활용하려고 시도하는 중이야. 전력망은 전기를 사용하는 수용가와 전기를 생산하는 발전소를 연결시켜 주는 전기 공급용 네트워크지. 지금까지는 전력망을 통해 전달되는 전기를 언제 어디서 생산해서 어떻게 수용가로 보내고 분배할 것인가에 대한 일은 사람이 경험을 기반으로 결정하고 수동으로 처리해왔거든. 그런데 사람이 차곡차곡 쌓아온 지식과 노하우를 컴퓨터에 모두 넣으면 컴퓨터가 사람처럼 대규모 전력망을 자동으로 제어하는 일을 할 수 있지 않을까 생각했지.

그런데 실제로 해보니까 사람의 뇌에 저장된 세세한 지식들을 일일이 컴퓨터 언어로 표현하고 관리하는 일이 어마어마하게 방대하고 어렵다는 걸 알게 됐어. 그리고 전문가들이 '노하우'로 결정을 내리는 과정이 지식에만 기반을 둔 게 아니라 현장 경험을 바탕으로 한 직관이나 감이 큰 영향을 미치는데 이 모든 형태의 지식을 모두 기계적인 데이터로 표현하기가 어려운 것이 큰 한계였지. 전문가 시스템 안에 입력된 지식의 범위를 조금만 벗어나도 엉뚱한 답이 나오기 일쑤였어. 그러면서 인공지능에 대한 연구에 다시 회의가 들기 시작했지. 전문가 시스템으로 진정한 인공지능을 실현해내기에는 문제가 너무 많다는 걸 깨달은 거야.

이렇게 두 번째 인공지능 기술개발의 붐을 가져온 전문가 시스템까지 벽에 부딪치면서 현재 인공지능에 대한 예산도 점점 작아지고 연구자들 숫자도 줄어들고 있단다. 다들 영화는 그저 영화일 뿐이라는 좌절감에 빠졌다고나 할까······ 봄이 오고 나면 여름이 오는 게 순서인데 인공지능의 봄 다음에 바로 겨울이 닥친 기분이야.

그거 참 이상한데요? 요즘 가전제품 광고를 보면 다들 인공지능 세탁기니 인공지능 선풍기니 하면서 인공지능을 탑재했다고 자랑하고, 심지어 인공지능 밥솥까지 나오는데 아직 인공지능이 실현되지 않았다니요?

인공지능의 붐을 이끌었던 두 가지 기술 모두 정해진 규칙에 따라서 질문에 대한 답을 빠르게 검색해서 알려주거나 간단한 연산을 해서 답을 알려주는 거지. 인공지능 세탁기란 것도 인공지능이라는 말이 들어가 있어서 그럴싸하게 들리지만 사실 그 작동원리는 그리 복잡할 게 없어. 세탁물의 종류를 입력하면 그 정보에 따라 세탁물의 양을 재고 최적의 물의 양과 세탁 시간을 정해주는 거지. 그런데 이렇게 단순한 방식은 예외적인 상황에 취약해서 조건이 달라지는 일이 발생하면 대처할 방법이 없다는 게 문제야.
그런데 사람의 욕심은 늘 과학기술의 한계를 뛰어넘지. 몸이 아프면 어디가 아픈지 즉각 진단을 하고 가장 적합한 치료법과 약을 추천해준다거나, 진짜 사람처럼 주위 상황을 인식하고 판단해서

나 대신 안전하게 자동차를 운전해준다거나 하는 그런 인공지능을 원하거든. 그런 수준의 인공지능이 나오는 영화들을 너무 많이 만드는 게 문젠가? 꿈이 너무 앞서나가서 문제야 문제. 하하. 그러니까 '인공지능 탑재'라는 말이 붙어 있는 제품이 시중에 아무리 많이 나와 있어도 그게 진정한 인공지능 기술개발의 성공을 의미하는 건 아니라는 거지.

"아…… 그렇군요. 전 또 인공지능 가전제품이라고 해서 혼자 다 알아서 척척 하는, 그런 건 줄 알았죠."

"다시 한 번 인공지능 붐이 일어나서 기술개발에 속도가 붙으려면 지금과는 다른 접근법이 필요할 거라는 게 내 생각이야. 그래야 네가 그렇게 꿈에서도 보는 무인자동차를 진짜로 개발할 수 있는 날이 오지. 그런데…… 그런 날이 진짜로 올까?…… 네 아빠 사고 소식을 듣고 겸사겸사 한국에 오기는 했지만 이참에 잠시 머리도 식히고 전공을 좀 바꿔볼까 고민 중이야. 물론 아직도 마음으로야 사람을 대체할 만한 똑똑한 인공지능을 만들고 싶은 욕심이 있긴 하지만……."

지훈에게 하는 말인지, 혼잣말인지 모르게 삼촌의 목소리는 작아져 있었다. 그런 삼촌의 얼굴을 쳐다보며 지훈은 생각에 잠겼다.

'아, 이런…… 삼촌 말대로라면 인공지능 기술이 아직은 걸음마 단계라는 건데, 그 교수님은 어떻게 해서 그런 자율주행자동차를 만들어낸 거지? 내가 본 건 대체 뭐였던 거지?

"대철아! 피곤하겠지만 누나랑 같이 병원에 가보지 않을래?"
"아, 네! 그래야죠! 지훈아, 너도 같이 갈래?"
잠시 말이 없던 삼촌은 엄마의 목소리에 황급히 대답을 하고 지훈을 돌아보았다.

"아니요. 전 어제도 갔다 왔고…… 나중에 갈게요. 지금은 잠깐 어디 가볼 데가 있어서요. 삼촌, 그럼 나중에 봐요!"

지훈은 급하게 운동화를 꿰어 신고 엄마한테는 인사를 하는 둥 마는 둥 하고 집을 뛰쳐나왔다. 그리고 내처 골목을 달려 내려갔다. 아직은 햇살이 따가운데 쉬지도 않고 달렸더니 이내 양쪽 귓가로 땀이 줄줄 흘러내렸다. 숨이 턱 끝에 차오를 무렵 지훈은 빵집 앞에 도착했다. 그제야 제자리에 서서 무릎에 손을 짚고 숨을 헉헉 몰아쉬었다. 빵집 안으로 들어서자마자 테이블 쪽부터 눈으로 훑었다. 뛰어오는 내내 속으로 제발, 제발, 하고 빌었던 것처럼 검은 뿔테 안경을 쓴 장 교수가 한참 팥빙수를 먹고 있었다.

"와! 아저씨! 아니, 교수님!"

장 교수가 화들짝 놀라 지훈이 서 있는 쪽을 쳐다보았다.

"아이구, 깜짝이야."

지훈은 팥빙수를 주문하는 것도 잊고 테이블로 잽싸게 달려가 앉았다.

"너 이 녀석! 그날 얼마나 걱정했는지 알아? 그렇게 갑자기 뛰쳐나가버리면 어떡해! 너 찾으려고 현욱이랑 나, 그리고 우리 학생들 몇몇이 그 더운 날 캠퍼스 안을 얼마나 뛰어다녔는지 아니?"

장 교수의 타박을 듣는 둥 마는 둥 흘려 넘기며 지훈은 말을 이어갔다.

"오늘 꼭 뵙고 싶었어요. 여기까지 오는 동안 혹시라도 여기 안 계심 어떡하나 얼마나 조마조마했다고요."

"응? 왜? 무슨 일이 있니? 지난번처럼 또 집이 어딘지 가물가물 해?"

"아이, 참! 오늘은 왜 이렇게 어른들마다 절 놀리지 못해 안달이 신지 모르겠네요."

"하하! 나 말고 또 누가 있는데?"

"삼촌이요. 미국에서 삼촌이 오셨어요. 근데 제가 스누버를 타 봤다고 했거든요. 그랬더니 맨날 그렇게 텔레비전만 보더니 키트 가 꿈에도 나오냐며 믿지를 않으시잖아요. 쳇, 삼촌도 미국에서 인공지능을 연구하고 있으시다는데 어떻게 그걸 모를 수가 있죠?"

"삼촌이 인공지능을 연구하신다고?"

"네. 전문가 시스템이라나 뭐라나…… 암튼, 그런데 잘 안돼서 포기하기 직전이시래요."

장 교수는 아직 팥빙수가 남아 있는 그릇 옆으로 숟가락을 내려 놓았다.

"호오…… 그것 참 이상하구나…… 그 전문가 시스템이 내가 아는 그 전문가 시스템이 맞다면 벌써 30년 전에 유행했다가 사라 진 기술인데……."

"네에? 30년 전이요?"

"그래. 그리고 지금은 3세대 인공지능으로 발전했지."

지훈은 놀란 얼굴로 장 교수를 쳐다보았다. 장 교수는 잠시 무언가를 곰곰이 생각하는 듯하더니 이내 자리에서 벌떡 일어섰다.

"지훈아, 아저씨랑 같이 연구실에 갈래? 너한테 보여주고 싶은 게 있구나. 확인할 것도 있고 말이야."

지훈은 대답 없이 고개를 끄덕거리고는 장 교수를 따라 문으로 향했다. 그리고 잠시 멈칫거렸지만 이내 결심한 듯 밖으로 나왔다. 문턱을 넘어서며 질끈 감았던 눈을 떠보니 또 그 골목길이다. 지난번에 길을 잃고 헤매게 만들었던 그 낯선 풍경.

"하……."

저도 모르게 탄식을 내뱉는 지훈을 돌아보며 장 교수가 물었다.

"응? 왜?"

"여기…… 또 모르는 데예요. 여기가 어딘지 모르겠어요…… 어우, 헷갈려. 이게 어떻게 된 일이죠?"

장 교수는 이마를 잔뜩 찌푸린 채 주위를 두리번거리는 지훈을 말없이 쳐다보다가 앞장서서 뚜벅뚜벅 걷기 시작했다.

시간을 건너는 아이

교수 연구실 문을 열고 들어서자마자 현욱이 반갑게 인사를 건넸다.

"하이, 아빠! 어? 지훈이 왔네? 뭐야~ 또 그 팥빙수집?"

장 교수는 건성으로 어, 하고 대답을 하고는 서둘러 컴퓨터 앞으로 다가앉았다. 그리고는 잠시 키보드를 두드리며 무언가를 검색해보는 듯하더니 책상 위에 놓여 있던 신문을 집어 들고 자리에서 일어섰다.

"얘들아, 우리 옥상 정원에 가보지 않을래?"

"옥상 정원이요? 옥상에 정원이 있어요?"

지훈이 물었다. 그러자 현욱이 대신 대답을 했다.

"아, 이 건물 꼭대기에 옥상 정원이라고 불리는 곳이 있는데 푹신한 소파도 있고 작은 도서관도 있어서 사람들이 자주 가. 공간은 아담해도 책의 종류가 많아서 나도 아빠를 좀 오래 기다릴 때는 거기서 과학책도 보고 그러거든. 아빠가 너한테 거기를 보여주고 싶으신가 보다."

연구실을 나선 세 사람은 엘리베이터 대신 계단을 터벅터벅 걸어 올라갔다. 지훈과 현욱은 장난을 치며 까불거리기 바쁜데 장교수는 그저 입을 꾹 다문 채 계속해서 생각에 잠긴 표정이었다.

어느새 꼭대기 층에 다다르자 옥상 정원으로 향하는 문이 나타났다. 장 교수가 문손잡이를 돌리고 안으로 들어서자 아늑하고 전망 좋은 공간이 나타났다. 저만치 떨어진 구석에서 책을 읽고 있는 여자 한 명을 빼고는 오늘따라 아무도 없이 조용했다. 장 교수는 두 아이를 데리고 책꽂이 앞으로 다가갔다. 과학에 관련된 책들이 주르륵 꽂혀 있었다. 장 교수는 바로 눈앞에 있는 『인공지능개론』이라는 제목의 책을 꺼내어 목차를 훑어보고는 페이지를 찾아 펼쳐들었다.

"지훈이 네가 말했던 전문가 시스템이란 게 말이야…… 여기를 보렴. '전문가 시스템의 한계가 드러나고 거품이 꺼지면서 인공지능 연구는 1980년대 후반 두 번째 암흑기를 맞이하였다.' 그리고 여기…… '2006년 영국 출신의 인지심리학자인 제프리 힌튼 Geoffrey Hinton이 신경망 방식의 새로운 학습 알고리듬을 제안하면서 딥러닝Deep Learning이라는 말이 탄생하였다.' 이 딥러닝이라는 게 바로 3세대 인공지능의 시작이야."

지훈은 장 교수가 손가락으로 짚어준 대목을 찬찬히 읽어 내려 갔다. 모르는 말들이 많았지만 분명 그렇게 쓰여 있었다.

"2006년이요? 에이…… 지금 무슨 말씀을 하시는 거예요…… 오늘은 1990년 9월 14일인데요?"

장 교수는 연구실에서 들고 나왔던 신문을 지훈의 눈앞에 내밀었다. 맨 위 한 귀퉁이에 2020년 9월 14일이라는 날짜가 선명하게 찍혀 있었다.

"올해가 2020년이고 넌 중학생이니까 1990년에 넌 태어나지도 않았단 말이지. 그런데 네 삼촌이 전문가 시스템을 연구 중이시라니 정말 이상하지 않니?"

"네? 교수님, 이거 또 저 놀리시려고…… 오늘 아침에 세수하고 나오면서 분명히 달력을 봤어요. 삼촌이 오시는 날이라고 제가 빨간색 사인펜으로 동그라미를 다섯 개나 그려놨는걸요!…… 올해 8월에 이라크가 쿠웨이트를 침공해서 걸프전이 일어났고, 며칠 전에는 갑자기 비가 많이 와서 광명 쪽에 수해가 났다고 난리였고……."

지훈은 거의 울상이 되어 뉴스에서 본 것들 중 생각나는 것부터 두서없이 뱉어냈다. 그때 옆에서 말없이 스마트폰을 들여다보던 현욱이 말했다.

"아빠, 지훈이가 얘기한 게 다 맞는데요……."

세 사람은 멍한 표정으로 서로를 번갈아가며 쳐다보았다. 누구도 먼저 입을 열지 못한 채 마치 번개라도 맞은 것처럼 다들 그 자리에 뻣뻣하게 서 있었다. 잠시 후 장 교수가 두 아이의 어깨에 손을 올리고 소파 쪽으로 이끌었다. 자리에 앉고 나니 지훈은 그제야 발밑이 흔들리는 것 같던 현기증이 조금 잦아들었지만 여전히 온몸이 저릿저릿했다. 옆에 나란히 앉아 있던 장 교수가 깊게 숨을 들이마시더니 입을 열었다.

"이제야 군데군데 이가 빠졌던 퍼즐 조각들이 맞춰진 것 같구나. 어쩐지 조금 이상하다 싶긴 했어……. 그렇지만 설마 이렇게 엄청난 일일 줄이야……."

"아빠, 그러니까 지훈이가 과거에서 왔다는 건가요? 그것도 30년 전이요?"

지훈이 장 교수를 쳐다보았다.

"저도 어쩐지 이상했어요. 지난번에 제가 교수님을 따라서 빵집을 나왔다가 본 것들이 나중에 아무리 생각해봐도 말이 안됐거든요. 삼촌이 절 믿지 못했던 것도 무리가 아니었어요. 30년이나 먼 미래에 일어날 일이었으니까요……."

"우와…… 이런 일이 진짜로 일어날 수 있다니! 이야! 대박!"

현욱이 잔뜩 흥분해서 목소리를 높였다.

공 학 자 의
시 간 여 행

"쉿! 책 읽는 분이 계시잖니. 조심해야지."

장 교수가 곁눈질로 멀찍이 떨어져서 책을 읽는데 열중하고 있는 여자를 쳐다보았다.

"앗! 네."

호기심에 가득 차서 눈을 반짝거리는 현욱에 비해 지훈은 아직도 혼란스러운 표정을 감추지 못했다.

"30년이나 지난 미래라서 제가 본 적도, 들은 적도 없는 물건들이 그렇게 많았던 거였어요. 여기가 2020년의 세계라니…… 어떻게 이런 일이 가능한 거죠? 교수님은 미래의 유명한 공학자시니까 아시는 게 조금이라도 있으실 거잖아요?"

그러자 장 교수는 난감한 얼굴로 지훈을 쳐다보았다.

"글쎄…… 이런 건 나도 영화에서나 보던 거라서 말이야. 팥빙수집에서 네 삼촌 얘기를 들었을 때부터 혹시나 하기는 했는데 설마 진짜로 이런 일이…… 1990년이라니……."

"근데요, 교수님. 전문가 시스템이 진짜로 실패했나요? 그럼 안 되는데…… 삼촌이 오늘 나가면서 전공을 바꿔야 할 것 같다고 하셨거든요……."

"안타깝지만 전문가 시스템은 한계가 명확했어. 그 뒤로 인공지능은 영화에나 어울리지 현실에서의 실현은 불가능하다고 주장한 학자들도 있었고 심지어 논문에 '인공지능'이라는 말이 들어가기만 해도 학회에서 외면을 당하기도 했단다."

"헉! 정말요? 그런데 어떻게 해서 스누버 같은 자율주행자동차
가 만들어질 수 있게 된 거죠?"

딥러닝 기술도 다른 기계학습 방식처럼
컴퓨터가 사람처럼 생각하고 배울 수 있도록 하는 기술이야.
다른 말로 심층신경망 기술이라고도 하는데
초기 인공신경망 기술의 발전된 버전이지.

인공지능 알파고가 이세돌을 꺾을 수 있었던 건
'강화학습'이라는 기술 덕분이란다.
강화학습은 만족스러운 결과를 내면 보상을 해주고
만족스럽지 않은 결과를 내면 패널티를
부과하는 식으로 점점 성능을 높여 나가는 방식이야.
알파고는 무수히 많은 데이터를 기반으로
혼자 바둑 두는 법을 익혔어. 그렇게 승률을 높여가는 방법을
스스로 터득하다가 어느 순간 사람의 수준을 초월하는
묘수를 두게 된 거지.
그게 바로 강화학습의 원리란다.

다시 찾아온 봄과 딥러닝Deep Learning

"컴퓨터에 지식을 가능한 한 많이 입력하면 인공지능을 실현할 수 있을 것이라는 예상이 별다른 성과를 내지 못하면서 인공지능의 연구가 정체기에 들어갔어. 하지만 인공지능의 영역 중 하나인 기계학습Machine Learning이라는 분야는 나름대로 착실하게 앞으로 나아가고 있었어. 보통 우리가 컴퓨터를 사용한다고 하면 규칙을 정해놓은 프로그램을 컴퓨터가 반복적으로 수행해서 답을 내놓는 것인 반면, 기계학습은 그 프로그램 자체를 컴퓨터가 만들어낼 수 있도록 컴퓨터에게 세상의 규칙들을 가르치는 거란다. 이 기계학습에도 접근 방법상 여러 기술이 있는데 그중에서 '인공신경망'이라는 기술이 바로 3단계 인공지능의 시작에 중요한 역할을 했지."

"신경망이라고 하면 사람의 몸에 있는 신경 같은 건가요?"

"인간의 뇌신경 회로를 흉내 낸 거라고 보면 돼. 인간의 뇌는 약

1000억 개의 뉴런이라고 불리는 신경세포와 약 100조 개의 시냅스에 의해 연결이 되어 있는데 이를 통해 지나가는 전기 신호에 의해 작동을 하지. 보통은 여러 개의 뉴런을 동시에 사용하기 때문에 세상에 존재하는 그 어떤 컴퓨터보다도 더 빠르고 효과적이란다. 뉴런은 다른 뉴런에서 들어온 전기 자극이 임계치를 넘을 경우에만 전기 신호를 다음 뉴런으로 보내게 되어 있는데 인공신경망은 이런 신경전달 방식을 모방해서 만든 거야. 가장 간단한 인공신경망은 뉴런들을 3개 층으로 배열하고 아래층 뉴런들로부터 올라온 신호 값들에 가중치를 곱하고 더해서 그 결과를 처리하도록 한 거지. 인간의 뇌에서 뉴런이 학습을 통해 시냅스의 결합 강도를 변화시키듯이 신경망에서도 신호의 값들에 어떤 가중치를 결합할 것이냐가 가장 중요하단다. 가중치를 결정할 때 외부에서 제공되는 데이터를 이용하는데 이 과정을 '학습'이라고 불러. 결국 인공신경망 개발에서 가장 중요하면서도 시간이 오래 걸리는 것은 최적의 결과를 얻을 때까지 가중치의 값들을 지속적으로 변화시키는 학습 과정인 거야."

"그 학습이라는 게 어쩐지 사람이 뭔가를 배우는 과정이랑 비슷한 것처럼 들리는데요."

옆에서 가만히 듣고 있던 현욱이 말했다.

"그렇지. 바로 그거야. 사람도 처음 글을 배울 때에는 글자 하나

썩 시간을 들여야 하지만 일단 다 익히고 난 다음에는 책을 술술 읽을 수 있는 것과 마찬가지지."

"그럼 그 인공신경망 방식이 인공지능 연구의 새로운 돌파구가 되었던 거군요?"

"안타깝게도 처음에는 그렇지 못했단다. 인공신경망도 초기에는 결과가 그렇게 신통치가 못했어. 풀 수 있는 문제로는 단순한 것들밖에 없었고 어떤 문제들은 근본적으로 아예 다룰 수도 없었거든. 기술적 한계가 노출된 거지."

"어휴, 그럼 그것도 실패였던 거예요? 삼촌은 앞으로 갈 길이 까마득한 거네요. 고생은 고생대로 하고 또 다시 좌절해야 한다니…… 진짜로 전공을 바꾸시는 게 나을 수도 있겠어요."

"지훈아, 세상에는 다른 사람들의 외면을 받아도 물러서지 않는 사람들이 있어. 어떤 이는 그걸 괜한 고집이라고 하지만 그건 자신의 소신을 믿는 거란다. 과학기술의 발전에서 한 단계 새로운 도약의 계기를 만들어내는 사람들은 바로 그런 사람들이야. 포기하는 건 언제든 할 수 있는 가장 쉬운 일이거든."

그러자 현욱이 물었다.

"그럼 그런 분들의 노력이 결국 빛을 본 건가요?"

"결국 그랬지. 그 전에 기억할 만한 사건이 하나 일어났어. 2012년에 컴퓨터로 사진 속 이미지의 종류를 인식하는 대회가 열렸는데 캐나다 토론토 대학의 힌튼 교수팀이 2등 팀보다 무려 10% 이상이나 차이가 나는 점수로 우승을 차지한 거야. 그전까지만 해도 해마다 우승팀의 성능 향상이 1%가 될까 말까였거든. 그런데 10%의 성능 차이를 이뤄냈으니 그건 획기적인 거였지. 그게 바로 아까 내가 읽어준 책 속에 나왔던 '딥러닝'이라는 거란다. 인공지능 연구 역사에 있어 50년 만의 혁신이라고 극찬을 받았지."

"아, 아까 그 『인공지능 개론』이라는 책 말이죠? 근데 딥러닝이라는 게 구체적으로 뭔가요?"

"딥러닝 기술도 다른 기계학습 방식처럼 컴퓨터가 사람처럼 생각하고 배울 수 있도록 하는 기술이야. 다른 말로 심층신경망 기술이라고도 하는데 초기 인공신경망 기술의 발전된 버전이지. 너희들, 사람이 다른 사람의 얼굴을 기억할 때 어떻게 하는지 아니?"

"음…… 얼굴의 특징들을 기억하지 않나요? 눈, 코, 입 모양이나 얼굴 형태처럼 말로 설명할 수 있는 특징들뿐만 아니라 말로 설명하기 어려운 인상이나 느낌 같은 특징들도 포함해서요."

지훈이 말했다.

"그렇지. 컴퓨터가 학습하는 것도 결국 특징을 기억하는 것이란다. 만약 그 특징의 갯수와 종류를 사람이 미리 정해주면 컴퓨터는 제한적인 것만을 학습하겠지. 그런데 좀 전에 지훈이가 얘기한 것처럼 얼굴의 특징 중에는 말로 표현하기 힘든 것들도 있고 사람이 미처 발견하기 어려운 미묘하고 새로운 것들도 있잖니? 기존의 머신러닝은 학습에 필요한 특징들을 모두 사람이 미리 정해주는 것인 반면 심층신경망은 사진 속 물체의 선이나 색과 같은 단순한 특징에서부터 얼굴 형태와 같은 높은 수준의 다양한 특징까지 '스스로' 추출하게 만드는 기술이야. 이 점이 딥러닝 기술의 가장 큰 강점 중의 하나란다. 잠재되어 있는 특징들을 스스로 추출하다 보니 사람의 인식 능력을 뛰어넘을 수 있게 된 것이 우연이 아니지."

"어떻게 학습을 하면 그렇게 똑똑해질 수가 있죠?"

"딥러닝에서의 학습은 컴퓨터가 고양이와 개를 구분할 수 있도록, 개는 개로 그리고 고양이는 고양이로 데이터를 하나하나 입력하면서 진행이 돼. 마치 아기를 앞에 앉혀놓고 고양이 사진을 보여주며 '고양이는 이렇게 생긴 것을 고양이라고 해'라고 가르치는 것과 같아. 이걸 '지도학습Supervised Learning'이라고 부른단다. 고양이의 특징을 자세히 설명해줄수록 고양이를 구분해내는 능력이 올라가겠지. 그런데 개들이나 혹은 고양이들이 다 똑같이 생긴 건 아니잖니? 다양한 모습의 개나 고양이를 학습시키기 위해서는 굉장히 많은 양의 데이터가 필요했고, 또 그로부터 추출된 많은 종류의 특징들을 기억하게 하기 위해서는 기존의 인공신경망에서 뉴런의 층수를 대폭 늘려야 했어. 근데 심층신경망의 뉴런 층수가 대폭 늘어나다 보니 학습이 잘 안되는 문제가 발생한 거야."

지훈이 실망한 기색으로 말했다.

"다시 벽에 부딪히고 만 거네요."

"다행히도 힌튼 교수팀은 이 문제를 해결할 수 있는 중요한 돌파구를 찾아내서 딥러닝 기술이 기존의 어떤 기술보다 물체를 더 정확하게 구분할 수 있는 가능성을 보여줌으로써 딥러닝 분야의 새 지평을 열었지. 정말 놀라운 업적이란다. 심층신경망을 통한 학습은 데이터의 양과 신경망의 크기에 따라서 몇 시간이 걸릴 수도 있고 며칠이 걸릴 수도 있지만 일단 학습을 잘 시키고 나면 새로운 과제를 수행하는 건 눈 깜짝할 순간이야. 그래서 응용 분야와 가능성이 무궁무진하지."

"우와, 진짜 대단해요! 하긴 딥러닝 기술로 만든 알파고가 바둑의 세계 최고 고수인 이세돌을 이겨서 아주 떠들썩했었던 일도 있었잖아요?"

현욱이 몇 년 전 기억을 되살리며 물었다.

"그렇지. 딥러닝의 응용 분야는 갈수록 넓어지고 있단다. 딥러닝은 '비지도 학습Unsupervised Learning'에도 활용할 수 있는데 이건 답을 미리 가르쳐주지 않고 컴퓨터가 알아서 자율적으로 답을 찾아내도록 하는 방식이야. 말하자면 데이터를 바탕으로 스스로 규칙을 발견하도록 하는 거지. 비지도 학습은 보통 물체의 종류를 구분하는 목적보다는 많은 물체들간에 그룹을 나눌 때 자주 사용되고 지도학습의 성능을 높이는 데 많이 활용돼. 예를 들어서 많은 데이터를 분류하는 규칙들을 찾아내려고 애쓰다 보면 인간이 생각하지 못했던 새로운 종류의 분류 방법이나 조합을 해낼 수 있게 되는 것처럼 말이야."

"열심히 고민을 하다 보면 새로운 답을 찾아내는 건 사람이나 컴퓨터나 똑같네요."

현욱이 싱글싱글 웃으며 말했다.

"인공지능 알파고가 이세돌을 꺾을 수 있었던 건 '강화학습'이라는 기술 덕분이란다. 강화학습은 만족스러운 결과를 내면 보상을 해주고 만족스럽지 않은 결과를 내면 패널티를 부과하는 식으로 점점 성능을 높여 나가는 방식이야. 정글북에 나오는 모글리처럼 낯선 환경에서 생존의 방법을 스스로 터득할 때 먹을 것을 더 많이 얻는 방향으로 행동하는 것이 환경에 더 잘 적응할 수 있는 것과 같은 이치지. 알파고도 무수히 많은 데이터를 기반으로 혼자 바둑 두는 법을 익혔어. 그렇게 승률을 높여가는 방법을 스스로 터득하다가 어느 순간 사람의 수준을 초월하는 묘수를 두게 된 거지. 그게 바로 강화학습의 원리란다."

"알파고요? 무슨 이름이 그래요?"

지훈이 "알파고, 알파고……" 하며 연신 중얼거리다가 물었다.

"킥킥. 이름이 좀 그렇긴 하지? 나도 그때 궁금해서 찾아봤던 건데 알파고의 '알파'는 그리스 문자의 첫 번째 글자로 '최고'를 뜻하고 '고'는 바둑을 의미하는 일본어에서 온 거래."

현욱이 웃으며 대답했다.

"그래? 바둑의 초고수가 되기로 단단히 작정한 인공지능인가 보네…… 근데요 교수님, 그 알파곤지 뭔지가 나오면서 3단계 인공지능 기술이 활발해진 건가요?"

지훈이 장 교수를 보며 물었다.

"분명 딥러닝이 인공지능 연구에 다시 불씨를 당기기는 했지만 아직은 모든 문제를 다 해결할 수 있을 거라고 기대하기는 어려워. 딥러닝이 위력을 발휘할 수 있는 영역이 있는 반면 그렇지 못한 분야도 많거든. 바둑을 두거나 사진을 검색하는 일처럼 정해진 틀 안에서 최선의 예측 값을 찾는 일은 인간보다 월등히 뛰어나지만 유연성의 측면에서는 아직도 많이 부족하단다. 예외적인 상황이 발생했을 때 대처하기가 힘들다는 거지."

"스누버도 그렇다는 건가요? 〈전격제트작전〉의 키트 같은 그 차가요?"

지훈이 눈을 동그랗게 떴다.

"하하. 그래, 맞아. 스누버도 아직 한참 배워야 할 것이 많지. 그렇지만 자율주행자동차에서 인공지능은 이미 많은 일들을 하고 있단다. 카메라나 라이다 같은 센서로 주변 자동차나 보행자, 신호등을 인식하는 일은 최근 들어 거의 딥러닝 기술로 해결하고 있어. 지도 학습 기반의 딥러닝 기술은 과거 어느 방법보다 주행 상황에서 만날 수 있는 주변 물체 인식에 뛰어난 성능을 보이고 있거든."

"그러니까요! 키트처럼 위험에 빠진 친구를 구하러 달려와주지는 못하겠지만 스누버가 자동차로 제 역할을 못할 일은 없을 것 같은데요."

"그런데 판단에 관련된 일을 전적으로 인공지능에 맡기는 건 아직 어려워. 예를 들어 교차로 사거리에서 좌회전을 하기 위해 상황을 판단하는 일을 딥러닝이 전적으로 하지는 못하니까. 자동차를 운전할 때 잘 정비된 도로 위에서 정해진 차선이나 앞차만 따라가는 건 아니잖아? 너희가 아직 직접 운전은 못해봤겠지만 지훈이 넌 아빠가 운전하는 택시를 많이 타봤을 거고, 현욱이 너도 이 아빠가 운전하는 차를 타봐서 알지? 차선을 바꿀 때 중간에 끼어들기를 해야 할 때도 있고, 복잡한 사거리에서 교통 흐름을 방해하지 않기 위해 눈치껏 순간의 판단에 의존해야 할 때도 있고, 추월을 해야 할 때도 생기잖니. 아직까지는 이렇게 애매한 상황에서 이성적이면서도 도덕적인 판단을 내릴 만큼 인공지능이 똑똑하지는 않다는 거야. 그렇지만 그것도 시간 문제야. 멀지 않은 미래에 서울 시내를 주행할 만큼 똑똑한 자율주행차용 인공지능 기술이 개발될 테니까."

장 교수는 벌떡 일어나 책꽂이에서 책 한 권을 뽑아들고 왔다.

"이건 유명한 미래학자인 레이 커즈와일^{Ray Kurzweil}의 『마음의 탄생』이라는 책인데 잘 들어보렴."

예전에는 인간의 고유한 영역이었던 수많은 작업을 지금은 컴퓨터가 대신 수행한다. 더욱이 컴퓨터는 높은 정밀성으로 엄청난 양의 일을 처리해낸다. 우리가 이메일을 보내거나 휴대전화로 통화를 할 때마다 최적의 루트를 통해 정보를 전송하기 위한 지능적인 알고리듬이 작동한다. 심전도 역시 이제는 의사 없이 혼자서 컴퓨터로 진단할 수 있게 되었다. 혈액세포 영상도 마찬가지다. 지능 알고리듬은 이제 자동적으로 신용카드 사기를 잡아내고, 비행기 이착륙을 관리하고, 무기체계를 운용하고, CAD로 제품을 디자인하고, 실시간으로 재고 상황을 파악하고, 공장에서 제품을 조립하고, 체스는 물론 그보다 훨씬 복잡한 바둑과 같은 게임을 최고 프로기사들 못지않게 둔다. '왓슨'이라는 IBM사의 컴퓨터가 TV퀴즈쇼 〈제퍼디^{Jeopardy!}〉에 출연하여 가장 뛰어난 인간 참가자 두 명과 대결하여 이겼다. 왓슨은 말장난과 은유적인 인간의 질문을 듣고 이해했을 뿐만 아니라 위키피디아 등 여러 백과사전을 비롯하여 수백만 쪽에 이르는 자연어 문서를 읽고 이해하고 여기서 답을 찾아내 말로 표현했다. 사실상 역사, 과학, 문학, 예술, 문화 등 인간의 모든 지적인 성과를 마스터 하지 않고서는 불가능한 일이다.

그렇지 않아도 놀라서 동그래진 지훈의 눈이 더 커졌다.

"이게 현실이라고요?"

그런 지훈을 보고 장 교수는 미소를 지으며 말했다.

"스누버 같은 자율주행자동차가 앞으로 몇 년 만 더 있으면 실용화되어서 승객을 태우거나 물건을 실어 나르는 일을 하게 될 거야. 그러면 교통사고의 위험이 없어질 테니 사람들은 더 안전하게 차를 타고 다닐 수 있겠지."

인공지능을 탑재한 자율주행자동차 이야기가 나올 때부터 표정이 심상치 않았던 지훈은 '교통사고'라는 말에 금세 침울한 표정이 되었다. 아직도 두 사람에게 사고 이야기를 할 기회가 없었다.

"저기요……."

"응?"

"실은…… 지난번 교수님을 만나기 전에 안 좋은 일이 있었어요."

"그래? 무슨…… 가만있자…… 혹시 그래서 그때 아빠가 계신 병원에 가봐야 한다고……."

"교통사고가 났었어요. 그것도 저 때문에……."

지훈은 그날 있었던 일을 두 사람에게 털어놓았다. 걱정스런 얼굴로 지훈의 이야기를 듣던 장 교수가 지훈의 어깨를 말없이 토닥거려주었다.

"그때도 교수님이 앞으로 사람이 운전하는 것이 법으로 금지되는 시대가 올지도 모른다고 하셨었거든요. 그럼 저희 아빠 같은 사람은 어떻게 되는 거예요? 아빠는 몸만 괜찮으면 앞으로 30년은 더 운전을 하고 싶다고 하셨어요. 공부를 많이 하신 것도 아니고 평생 해온 게 운전밖에 없다고 하시면서요. 그러면서 꼭 끝에 '너만큼은 많이 배워서 훌륭한 사람이 되어야 한다'고 귀에 못이 박히도록 잔소리를 하시죠. 아빤 운전하는 게 재미있으시대요. 가끔 저를 데리고 드라이브를 가시는데 한적한 교외로 나가면 가슴이 뻥 뚫리는 것 같다고 저보다 더 좋아하세요. 아빠가 열심히 택시운전을 하신 덕분에 저희 가족이 살 수 있는 거잖아요. 교수님 말씀처럼 자율주행자동차가 널리 보급되고 나면 아빠 같은 택시 운전사는 어떻게 먹고 살죠? 버스 기사 아저씨들은요?⋯⋯."

꼭꼭 눌러 담아놓았던 죄책감과 근심이 지훈의 입에서 마구 쏟아져 나왔다. 양 볼이 발갛게 달아오른 채로 자신을 쳐다보는 지훈을 보며 장 교수는 난처한 표정을 지었다.

"이런, 미안하다. 네가 그런 생각을 하고 있는 줄은 미처 몰랐구나. 그런데 그런 걱정을 하는 게 너뿐만은 아니야. 사실 많은 사람들이 지금 네가 한 질문과 똑같은 질문을 던지고 있지. 과연 인공지능의 시대가 오면 얼마나 많은 직업들이 사라지게 될까, 라고 말이야."

인공지능 시대의 직업

   영국 옥스퍼드 대학의 칼 프레이^{Carl B. Frey} 교수와 마이클 오스본^{Michael Osborne} 교수가 발표한 보고서에 따르면 현재 존재하는 직업들 중 47%가 10년에서 20년 사이에 컴퓨터와 자동화의 영향으로 사라질 위험에 처할 것이라고 해. 특히 위험한 것이 교통, 물류, 제조, 건설, 사무행정 같은 직업군인데, 구체적으로 전화판매원^{텔레마케터}, 콜센터 직원, 재단사, 보험업자, 화물 취급인, 기계 운전자, 은행 창구 직원, 도서관 사서, 광부, 자동차 판매원과 같이 정해진 틀 안에서 일을 하는 직업들은 20년 후에는 완전히 사라질 것이라고 예측하고 있어. 심지어 1차 산업이라고 하는 농업이나 목축업자들도 위험하다고 보고 있지. 농업 분야에 자율주행 트랙터나 자율주행 콤바이너, 자동 수확기, 자동 분류기 같은 자동화 기기들이 많이 도입되면서 생산성은 향상되는 반면 일하는 사

람의 숫자는 대폭 감소하고 있는 게 현실이거든.

또 2010년대 초반 일본의 한 언론이 발표한 보고서에 따르면 미래에 살아남는 직업의 네 가지 유형에 대한 예측을 했어. 첫 번째가 예술가, 감독, 개그맨처럼 감정과 노하우를 바탕으로 창의적인 일을 하는 사람들, 두 번째가 운동선수, 세 번째가 로봇 개발자나 정비사, 인공지능 프로그래머 등 로봇과 관련된 일을 하는 엔지니어들, 그리고 마지막으로 네 번째가 의사, 간호사, 간병인, 미용사 등 사람을 돌봐주는 일을 하는 사람들이야. 요즘 부모들이 아이들에게 바라는 직업 일순위가 의사, 변호사, 이런 거잖니? 야단을 쳐가며 공부를 시키는 이유가 나중에 사회에서 잘나가는 직업을 갖게 해주려고, 다 아이들의 미래를 위해서 그러는 거라고 말이야. 과연 그럴까? 앞으로 인공지능의 능력이 의사나 변호사를 넘어서는 시대가 와도 그것들이 여전히 안정된 직업일 수 있을까?

사실 현욱이 엄마도 인공지능 시대로 진입할 미래에 대해 불안감을 느끼는 사람들 중 한 명이야. 직업이 영상의학과 의사인데 진단기계로 촬영한 영상을 보면서 병을 찾아내는 일을 하거든. 그런데 인공지능이 등장하면 직업 자체가 없어질지도 모른다는 거야. 이미 몇 가지 질환에 대해서는 인공지능이 의사보다 더 똑똑한 능력을 보이고 있어서 머지않아 질병 전체로 확대될 것이라는 게 다수 전문가들의 의견이래.

변호사도 마찬가지야. 친한 친구 중에 변호사가 있는데 판사나 변호사가 많은 시간을 소비하는 주요 업무 중의 하나가 방대한 문서들을 읽으며 필요한 증거를 찾아내고 관련 판례를 분석해서 대응 방안을 찾는 일이라고 하더구나. 그런데 이런 일들은 인공지능 소프트웨어가 사람보다 훨씬 낫지, 아무렴. 그러니 인공지능이 도입되면 변호사 백 명을 고용하고 있는 대형 법률회사들은 변호사 수를 서른 명으로 줄일 수가 있게 되고, 그렇게 되면 변호사들의 일자리도 자연히 많이 사라지지 않을까?

반면에 예술가나 건축가, 정보기술전문가, 심리치료사, 사회복지사, 영화감독, 초등학교 교사 등과 같이 사람과의 교감이 중요하거나 일의 성격상 판단을 내리는 것이 중요한 직업은 계속 유지될 것이라고 보고 있어. 인공지능 기술이 당분간 인간을 대체하기 힘든 분야이기 때문이지.

한편 기존의 일자리가 새로운 기술로 대체된다면 인간은 또 다시 새로운 일자리를 만들어내서 전체 일자리 수가 줄어드는 일은 없을 거라고 주장하는 학자들도 있단다. 사실 미래의 일이라는 게 아무리 근거를 가지고 예견한다고 해서 다 그렇게 되는 건 아니잖니? 시간과 장소에 관계없이 인터넷으로 간편하게 영화를 감상하는 사람들이 많아지면서 다들 영화관들이 곧 망하기라도 할 것처럼 얘기를 했지만 영화관은 꾸준히 살아남았지. 단순한 영화감상의 장소를 넘어서 쇼핑이나 만남의 장소로서 역할이 변화하면서 말이야. 그리고 일자리를 잃게 될 사람들을 위한 재교육 프로그램들도 많이 생길 테니까 의지만 있다면 얼마든지 새로운 직업을 찾을 수도 있을 거야.

현재의 인공지능 기술의 폭발적인 발전과 다양한 사회 분야의 적용 가능성을 감안해보면 인공지능의 미래의 잠재력은 그야말로 무궁무진해. 스누버만 봐도 알 수 있지. 지난 50년 동안 상상도 못했던 것들이 앞으로 10년, 혹은 20년 안에 실현될 가능성이 있어. 그 가능성이 눈사태 효과*를 일으킨다면 예상치 못한 수준의 엄청난 후폭풍이 밀려올 수도 있다고 봐. 물론 아직은 꿈같은 시나리오일 뿐이지만 말이야. 어쨌든 확실한 것은 머지않은 미래에 인공지능이 우리 사회와 일상생활 속에 깊숙이 자리를 잡게 될 거라는 거야.

* 눈사태 효과 : 처음에 작은 눈 뭉치로 시작한 눈사태가 산을 따라 굴러 내려가면서 엄청난 크기로 커짐을 일컫는 말. 작은 시작이 엄청나게 큰 결과를 초래하는 상황을 말함.

요즘 부모들이 아이들에게 바라는 직업 일순위가

의사, 변호사, 이런 거잖니?

야단을 쳐가며 공부를 시키는 이유가

나중에 사회에서 잘나가는 직업을 갖게 해주려고,

다 아이들의 미래를 위해서 그러는 거라고 말이야.

과연 그럴까?

앞으로 인공지능의 능력이

의사나 변호사를 넘어서는 시대가 와도

그것들이 여전히 안정된 직업일 수 있을까?

인공지능이 등장하면

직업 자체가 없어질지도 모른다는 거야.

"지훈아, 네 아빠에게는 아직 시간이 있단다. 이런 미래가 아직 네게는 현실이 아니잖니. 네가 미래의 꿈을 향해 열심히 공부하고 자라는 동안 아빠는 계속해서 부지런히 택시운전을 하실 거고 든든하게 네 옆을 지켜주실 거야. 아빠 걱정은 그렇게 하지 않아도 될 것 같구나. 그 대신 네가 마음속에 그리는 미래는 아빠와는 조금 달라야 하겠지?"

"헤헷. 그러네요. 생각해보니 시간이 아직 30년이나 있네요."

"에이~ 30년 전에서 왔다고 생각하니까 지훈이라고 이름도 막 못 부르겠잖아!"

현욱이 장난처럼 투덜거렸다.

그때 한쪽 구석에 조용히 앉아 있던 여자가 책을 덮더니 자리에서 일어나 책꽂이 쪽으로 걸어갔다. 대화에 열중한 나머지 도서관 안에 다른 사람이 있다는 것을 까맣게 잊고 있었던 세 사람은 동시에 그녀를 쳐다보았다. 책꽂이에 도로 책을 꽂아 넣고 있는 그녀의 검은색 반팔 티셔츠 등 위의 형광 초록색 글자들이 눈에 들어왔다. '2050 인공지능 캠프.'

'2050······?'

세 사람은 누가 먼저랄 것도 없이 서로를 쳐다보았다. 현욱이 잽싸게 자리에서 일어나 책꽂이 쪽으로 달려갔다.

"저기요······ 누나!"

책꽂이 앞에 서서 다른 책들을 훑어보고 있던 그녀가 뒤를 돌아보았다.

"응? 나?"

"네. 아, 다른 게 아니고요. 누나 티셔츠에 2050이라고 쓰여 있던데, 이게 무슨 뜻이에요?"

"아, 이거? 올해 대학생 인공지능 캠프에 참가했었거든. 거기서 기념품으로 받은 거야."

"대학생 인공지능 캠프요?"

"네가 아직 대학생이 아니라서 잘 모르나본데 우리나라에서 가장 오래된 인공지능 캠프 중 하나야. 올해가 벌써 30회째인가 그럴걸?"

"음…… 그러니까 이게 올해 대학생 인공지능 캠프 기념 티셔츠면…… 그럼, 그러면 올해가 2050년이라는 말인가요?"

현욱은 티셔츠의 앞쪽에도 박혀 있는 '2050'이라는 숫자를 슬쩍 손가락으로 가리키며 물었다.

"당연하지! 올해가 몇 년돈지도 모른단 말이야?"

그녀는 재미있다는 듯 큭큭거리다가 문득 웃음을 멈췄다. 똘똘하고 개구지게 생긴 소년의 얼굴에 웃음기라고는 조금도 없었기 때문이었다. 오히려 입을 반쯤 벌린 채 넋이 나간 표정을 짓고 있었다.

공 학 자 의
시 간 여행

"왜 그러니? 뭐가 잘못됐니? 근데 너, 이 학교 학생은 아닐 테고 여긴 어떻게 온 거야?"

"에…… 그러니까, 제 아빠가 여기 교수님이신데요…… 그…… 자율주행자동차를 개발하시는 장 교수님이라고……."

"응? 장 교수님? 우리 학교에서 자율주행자동차 분야를 개척하셨다는 그 분을 얘기하는 건가? 근데 그 교수님은 정년퇴임을 하신 지가 꽤 됐는데……?"

현욱은 뒤를 돌아 장 교수와 지훈이 있는 쪽을 쳐다보았다. 가만히 두 사람의 대화를 듣고 있던 그들과 현욱의 눈이 마주쳤다. 마치 고요한 공기 사이에 균열이라도 생긴 것처럼 여섯 개의 눈동자가 혼란에 흔들렸다.

4장

상상과 현실 사이에서
미래가 자란다

기술이 아니라 인간에게 답을 물어라

공학자의 길이란 단순히 창의력이 있다거나 머리가

좋다거나 하는 것만으로는 부족해. 사실은 몇 년을,

경우에 따라서는 평생을 무언가를 꾸준히 붙잡고

끝장을 보는 '열정'과 '끈기'가 가장 중요하단다.

한두 번 실패하더라도 절대로 물러서서는 안 돼. 끈기와

용기를 가지고 꾸준히 하다 보면 길은 보이게 되어 있어.

〈토끼와 거북이〉 이야기처럼 쉬지 않고 가다 보면

결국 포기하지 않는 사람이 이기는 거란다.

미래로 통하는 문

━━━

"저는 이 학교 박사과정에 다니고 있는 이진형이라고 합니다. 뇌공학을 전공하고 있는데 곧 졸업할 예정이에요. 인공지능에도 관심이 많고요."

검은 티셔츠의 그녀가 자기소개를 했다. 그러자 장 교수가 당황한 목소리로 말했다.

"이…… 이거, 참. 이 상황을 어떻게 이해해야 좋을지 모르겠네요. 알고 계신 그 장 교수가 제가 맞는 것 같습니다. 허허."

"와…… 타임머신이라도 실용화가 됐다면 모르겠는데 공학을 연구하는 사람한테 이건 너무 쇼킹한 사건이네요. 아무튼 이게 꿈이든 생시든 너무 반가워요, 교수님! 이렇게 만나뵙게 돼서 정말 영광입니다!"

진형은 반갑게 장 교수와 악수를 나누었다. 그리고는 손목에 차

━

기술이 아니라 인간에게 답을 물어라

고 있던 스마트워치를 손가락으로 툭툭 치며 말했다.

"비서가 응답을 안 해서 AS 전담 로봇 도우미를 부르고 한참을 기다렸는데 애도 안 오는 거예요. 그 사이 책 한 권을 다 읽었지 뭐예요. 슬슬 짜증이 나던 참이었는데 이런 일이 있으려고 그랬나 봐요."

"로봇 도우미요?"

현욱이 물었다.

"응. 우리 학교에는 드론을 타고 날아다니면서 고장 난 물건을 받아다가 수리를 한 다음에 다시 가져다주는 AS 전담 로봇 도우미들이 있거든. 그런데 기다려도 안 오는 걸 보니 직접 센터까지 가 봐야 할 것 같아. 교수님도 같이 가보시겠어요? 2050년의 학교는 처음이시잖아요."

진형은 장 교수를 쳐다보며 싱긋, 미소를 지었다.

옥상 정원을 내려온 네 사람은 건물 밖으로 나왔다.

"진짜로 서비스 센터까지 가야 하나. 귀찮은데…… 이게 왜 갑자기 안 되고 이러지?"

진형은 혼잣말을 중얼거리며 스마트워치를 다시 톡톡, 가볍게 두드렸다. 그러자 갑자기 스크린 위로 여성 상담원의 얼굴이 3차원 영상으로 떠올랐다.

"네, 고객님! 무엇을 도와드릴까요?"

"어? 이게 또 갑자기 되네. 당황스럽게······ 아, 죄송합니다. 조금 전까지만 해도 비서가 작동을 하지 않았거든요. 아무래도 점검을 해봤으면 좋겠는데요."

"네. 지금 도우미를 보내드리도록 하겠습니다."

상담원의 얼굴이 핏– 하는 소리와 함께 사라지고 난 뒤 정말로 3분 만에 작은 드론 한 대가 윙윙거리며 다가왔다. 진형이 손목시계를 풀어 도우미 박스 안에 넣자 드론은 다시 어디론가 날아갔다. 이 모든 광경을 지켜보고 있던 현욱과 지훈은 '우와!'를 연발하며 입을 다물지 못했다.

"잘 됐어요. 이제 서비스센터까지 굳이 가지 않아도 될 거 같아요. 그럼 이제 어디로 갈까요? 음······ 2050년의 서울 거리는 어때요?"

캠퍼스 밖으로 나온 네 사람 앞에 낯선 도시의 풍경이 펼쳐졌다. 새로 지은 것 같은 밝은 색 빌딩 몇 개를 제외하면 고층건물로 빽빽한 거리와 쭉쭉 뻗은 도로들은 얼핏 보기에 별로 변한 게 없어 보였지만 자동차들이 꼬리를 물고 지나가는 길바닥은 마치 부품조립공장의 컨베이어벨트 같았다. 차들이 서로 다닥다닥 가깝게 붙어서 일정한 속도로 착착 움직이고 있었기 때문이었다. 지훈은 '차를 운전할 때는 안전거리 유지가 중요하다'고 늘 강조하시던 아빠의 목소리가 떠올랐다.

'평소에 그렇게 조심을 하시는데도 사고가 났는데 다들 왜 이렇게 운전을 하는 거지?'

지훈은 운전석을 유심히 살폈다. 그러다가 운전석이 아예 없다는 것을 깨달았다. 그 차도, 그 앞차도, 그 뒤차도, 옆 차선의 차도, 모두 운전석이 없었다.

"헉! 교수님! 현욱아! 차에…… 차에……."

지훈이 도로 쪽을 연신 손가락으로 가리키며 말을 잇지 못하자 장 교수가 대신 나섰다.

"그래. 차 안에 운전사가 아니라 운전석 자체가 없구나. 그러니 교차로 신호등에서 멈출 때도 저렇게 일사분란하게 멈출 수가 있지. 자율주행차 세상이 되면 모든 자동차의 움직임을 컴퓨터가 제어하기 때문에 같이 움직이고 같이 정지하고 같이 출발할 수 있는 거야. 차간 거리를 일정하게 유지하면서 말이야. 음…… 그리고 모두가 전기 자동차들인가 본데? 배기가스가 나오는 차가 전혀 없는 걸로 봐서 말이지……."

"역시 장 교수님은 관찰력이 좋으시네요."

진형이 웃으며 말했다.

"근데 아무리 자동차에 관심이 많아도 다들 그렇게 도로만 보지 마시고 옆쪽도 좀 둘러보시죠?"

진형의 말에 그제야 세 사람은 거리 쪽으로 고개를 돌렸다. 그때 어른 키만 한 은빛의 물체가 미끄러지듯 지훈의 곁을 스쳐 지나갔다. 멀어져가는 뒷모습을 쳐다보다가 지훈은 넋이 나간 표정으로 진형에게 물었다.

"저게 뭐죠? 길거리에 저런 게 막 돌아다녀요?"

"하하하. 놀랬니? 그래도 방금 지나간 그 로봇이 제일 무난하게 생긴 건데? 지금은 용도에 따라 다양한 모양의 로봇들이 거리를 다니거든. 저렇게 사람 모양 비슷하게 생긴 것도 있지만 동물처럼 네 발로 다니는 것도 있고 미니 자동차처럼 생긴 것도 있어."

'로봇'이라는 말에 현욱과 지훈은 잽싸게 주위를 요리조리 훑어보기 시작했다. 진짜로 가지각색의 로봇들이 사람들 사이에서 섞여서 아무렇지도 않게 거리를 다니고 있었다. 그중에는 사람과 마주 서서 한창 대화를 하고 있는 것도 있었다.

"다들 목마르지 않아요? 마실 게 필요하신 분!"

진형의 말에 현욱이 '저요!' 하며 번쩍 손을 들었다. 장 교수도 옆에서 헛기침을 하며 말했다.

"그렇지 않아도 정신이 없어서 얼음물이라도 마셔야 하나, 하는 생각이 들던 참이었어. 이게 꿈인지 현실인지……."

"교수님, 그럼 저는 어떻겠어요? 말로만 전해 듣던 전설의 교수

님을 진짜로 만난 것도 모자라서 30년 후로 모시고 오다니 말이에
요."

"허허, 그렇지. 그러고 보니 피차일반이네."

진형과 장 교수가 서로를 쳐다보며 웃음을 터트렸다. 그때 현욱
이 진형의 팔을 잡고 조르듯 말했다.

"누나! 마실 거요! 얼른 가요~!"

"아참! 내 정신 좀 봐. 그래, 마실 거. 누나가 금방 주문해줄게."

진형은 그 자리에 선 채로 좀 전에 돌려받은 스마트워치를 몇
번 꾹꾹, 눌렀다.

"자, 이제 3분만 기다리면 돼."

"네? 가게로 안 가고요?"

진형은 대답 대신 현욱의 어깨를 툭툭 치며 찡긋, 윙크를 해보
였다. 그때 도로 쪽에서 시끄러운 사이렌 소리가 들려왔다. 그러
더니 똑같은 속도로 움직이던 자율주행차들 중 하나가 갑자기 속
도를 내기 시작했다. 순간적으로 주위의 차들이 옆으로 움직여 길
을 비켜주는데 진행 방향의 신호등은 직진 신호로, 옆쪽의 신호등
들은 빨간불로 바뀌었다. 홍해를 가른 모세의 기적처럼 그 근방의
모든 차들이 일제히 정지한 가운데 속도를 올린 그 자동차는 급하
게 길을 빠져나갔다. 호기심 어린 눈으로 그 상황을 지켜보고 있
는 지훈과 현욱을 향해 진형이 말했다.

"놀랐니? 저 차 안에 탄 사람에게 무슨 일이 있나 봐. 얼마 전에도 자율주행차에 탔던 한 학생이 차량 정체가 심한 출근 시간대에 급성 맹장염을 일으킨 적이 있었거든. 그래서 응급수술을 받으러 가야 했는데, 그때 자율주행차가 원격진료로 환자의 상태를 실시간으로 계속 진단하면서 모든 사거리를 멈추지 않고 통과해 병원까지 도심을 시속 90km로 달렸어. 15km나 떨어진 병원에 10분도 안 걸려서 도착했지. 도시교통관제시스템과 자동 연동해서 응급 차량의 속도에 따라 도로상의 신호등과 다른 차들의 움직임을 실시간으로 조정할 수 있기 때문에 가능한 일이야."

영화의 한 장면 같은 현실에 지훈은 그저 입을 다물지 못했다. 그때 허리 아래가 상자처럼 생긴 로봇 하나가 슬슬 다가오더니 그들 앞에 섰다. 진형이 상자 위를 톡하고 건드리자 터치스크린이 나타나고, 번호를 누르자 상자 앞면이 징– 하고 열렸다. 3분도 채 지나지 않은 것 같은데 조금 전 주문했던 물과 콜라가 직접 배달된 것이다.

현욱이 콜라병을 집어 들며 진형에게 말했다.

"아빠가 스누버를 개발하시면서 저한테 이런 말씀을 하신 적이 있어요. 인공지능 기술이 확산되면 진정한 인간 중심의 사회가 될 거라고요. 이런 걸 두고 하신 얘긴가 하는 생각이 방금 들었어요. 굳이 직접 가게까지 가지 않아도 내가 필요한 것들이 나를 찾아오는 거잖아요. 내가 원하는 것을 스스로 다 파악하고서요. 일일이 찾으러 다니지 않아도 내가 필요한 정보들이 딱 정리가 되어서 내 앞에 놓이고, 어떤 일은 나 대신 기계가 알아서 처리해주기도 하고요. 30년 후의 세상은 그런 게 이루어진 거 같아요. 인간이 기계에 둘러싸인 느낌…… 아니, 마치 인간과 기계가 하나가 된 듯한 느낌이랄까요."

진형은 잠시 생각에 잠기는가 싶더니 진지한 목소리로 대답하기 시작했다.

마음의 아이들

━━

하루가 다르게 발전해온 과학 및 공학기술 덕분에 인류는 그 어느 시대에도 누리지 못했던 물질적 풍요로움을 누리고 있어. 내가 대학에 입학했을 때 영화 동아리에 들었었거든. 그때 우리가 즐겨 봤던 게 걸작 고전 SF 시리즈였어. 그런데 정말 재미있는 건 분명 그 옛날에는 'SF^Science Fiction', 그러니까 공상과학으로 분류됐던 영화들이 우리의 현실인 거야. 그 시대의 사람들에게 지금의 이 세상은 그저 영화 속에 나오는 상상이었던 거지.

사람들의 먹는 것이나 입는 것, 사는 모습은 옛날에 비해 크게 변한 게 없는 것 같지만 사람들이 필요로 하는 서비스의 관점에서는 예전과 크게 달라. 지금은 필요한 것을 얻기 위해 내가 직접 가는 게 아니라 필요한 것이 내게로 오는 시스템이야. 인간 중심의 서비스^Human-centric service 시대에 들어섰다는 말이지. 이런 서비스가 가능하게 된 것은 인공지능과 로봇, 그리고 사물인터넷을 기반으로 하는 환경지능Ambient Intelligence이라고 불리는 새로운 기술 덕분이야.

환경지능 기술은 사람과 주변의 다양한 전자 기기간의 실시간 상호작용을 통해서 삶의 편리함을 극대화시키는 기술을 말해. 쉽게 말하자면, 사물인터넷으로 연결된 주변 환경이 사람을 인식하고 인공지능이 상황을 판단한 후 그 사람이 원하는 시간과 장소에서 원하는 서비스를 맞춤형으로 제공하는 거야. 사물인터넷 속의 전자 기기들은 특별히 사람의 눈에 띄지 않을 정도로 소형화되어서 일상생활 곳곳에 마치 배경처럼 존재하면서 내가 필요로 하는 것을 감지해. 거실의 벽지나 옷에도 나의 생활을 도와주는 초소형 기기들이 숨어 있는 거지. 물론 음성 인식 기능이 있어서 사람이 말로 서비스를 요청할 수도 있어. 이제 환경이 개개인마다 맞춤형으로 반응하고 사람들은 이런 보편화된 기술을 생활의 일부로 느끼며 살아가고 있는 거지.

환경지능이 사물인터넷과 인공지능을 통해 인식하고 판단한다면 실제로 인간에게 실물 서비스를 제공하는 것은 로봇들이 담당해. 로봇들은 인간이 필요로 하는 구체적인 서비스를 제공해주기 위해 인간을 찾아가지. 안내도우미 로봇, 의료도우미 로봇, 운송 및 배달 로봇, 심지어 경비 로봇에 이르기까지 다양한 로봇들이 우리 사회 여러 방면에서 인간에게 도움을 주면서 공생하고 있어. 모바일 로봇의 일종인 자율주행자동차도 환경지능 기술이 필요로 하는 이동성을 실현하는 데 큰 역할을 하고 있지.

여기서 한 가지 간과하지 말아야 할 것은 우리가 눈앞에 보고 있는 새로운 세상은 하루아침에 이루어진 것이 아니라는 거야. 지금 너희 눈앞에 보여지는 새로운 기술들은 이미 30년 전에 누군가가 상상 속에서 생각했던 것들이었겠지만 정작 우리 사회에 뿌리를 내리고 사람들이 두루 편하게 이용하게 될 때까지는 상당히 오랜 시간이 걸렸어. 30년 전과 60년 전의 시각으로 보면 너무나 엄청난 변화라는 생각이 들겠지만 사실 그 변화는 매일매일 조금씩 이루어져 온 거란다. 물론 기술 수준을 한 단계 끌어 올린 혁신이 몇 번 있기는 했지만 그것을 계기로 끊임없이 노력을 이어온 많은 공학자들의 수고가 있었다는 말이지. 로봇 기술도 인공지능과 마찬가지로 지금의 수준으로 발전하기까지 오랜 시간이 걸렸어.

과거에 사람들은 인간이 본능적으로 하는 일이라도 컴퓨터의 연산 능력을 열심히 향상시키면 인간만큼 할 수 있을 거라고 생각했지. 사실 그 덕분에 인공지능이나 자율주행자동차 기술은 엄청나게 발전할 수 있었어. 그러나 팔을 흔들며 두 발로 뛰고 갖가지 표정을 지어 보이는 로봇을 만들기 위해서는 또 다른 문제가 있다는 것을 알게 되었지. 인간에게 두 발로 걷고 뛰는 건 가장 기본적이고 자연스러운 행동이지만 사실 수백만 년의 진화 과정을 거쳐서 얻은 운동 능력이거든. 이것을 공학적으로 구현하기 위해서는 모터와 같은 구동장치를 대량으로 사용해서 사람의 근육을 모방해야 하는데 이게 쉽지가 않은 거야. 단순 반복적인 계산을 잘한다고 오랜 시간에 걸친 진화의 결과인 인간의 움직임을 따라할 수는 없었다는 말이지.

로봇 기술이 처음 주목을 받기 시작하던 때 미국의 유명한 로봇 과학자인 한스 모라벡Hans Moravec이 "사람에게 쉬운 문제는 로봇에게 어렵고, 사람에게 어려운 문제는 로봇에게 쉽다."라는 말을 했어. '모라벡의 역설'이라고 불리는 말인데 컴퓨터와 인간의 능력의 차이를 역설적으로 표현한 거야. 사람에게는 걷고, 느끼고, 다른 이들과 의사소통을 하는 일이 무척 쉬운 일이지만 컴퓨터가 이런 일을 수행하려면 굉장히 복잡한 수식을 계산해내야 해. 반면 컴퓨터는 사람이 어려워하는 수학적 계산이나 논리 분석을 눈 깜짝할 사이에 해낼 수 있잖니? 지난 30년간 공학자들은 이런 모라벡의 역설을 극복하기 위해 밤낮으로 노력해왔단다. 그런 수고로 인해 로봇 기술이 조금씩 조금씩 발전을 거듭하면서 지금의 로봇들을 만들어낼 수 있게 된 거야. 인공지능을 탑재해서 사람이 필요로 하는 서비스를 스스로 찾아내고 이해할 뿐만 아니라 사람처럼 자연스럽게 움직일 수도 있어서 이제는 사람들이 필요로 하는

공 학 자 의
시 간 여 행

곳으로 직접 찾아가지. 예전에는 사람만이 할 수 있는 것으로 분류되던 영역들까지 하나둘씩 기계로 대체되면서 세상이 변화하는 속도는 사람들의 예측을 뛰어넘고 있어. 이 모든 것이 공학기술의 혁신이 만들어낸 결과들이야.

모라벡의 이야기가 나와서 하는 말인데, 모라벡이 오래전에 쓴 책 중에 『로봇』이라는 책이 있어. 로봇 기술의 발달 과정을 진화에 비유해서 설명한 건데, 2010년까지의 1세대 로봇들은 도마뱀의 지능, 2020년까지의 2세대 로봇들은 생쥐의 지능, 2030년까지의 3세대 로봇들은 원숭이의 지능을 가진대. 그런데 2040년까지의 4세대 로봇들은 20세기 로봇들보다 100만 배 이상 똑똑해져서 놀라운 속도로 인간의 지능을 추월하기 시작하고, 2050년 이후에는 로봇이 완전히 인간을 대체할 수 있게 될 거라고 했어. 그래서 결국 인간이 아니라 로봇이 인류의 정신적 유산을 물려받게 될 거라고 예견을 했지. 그러면서 2050년 이후의 로봇들을 '마음의 아이들'이라고 불렀어. 인류의 미래가 인간이 아닌 로봇에 의해 보존될 것이라는 다소 충격적인 주장을 한 건데, 2050년에 들어서면서 놀랍게도 이런 주장이 차츰 현실화되어가고 있어. 이제 사람들은 로봇을 친한 친구, 이웃사람, 직장동료와 유사한 인격체로 인식하고 함께 어울려 살고 있어.

제 눈에는 인간과 로봇이 평화롭게 공존하고 있는 것처럼 보이는 데요? 그렇지만 인공지능 기술이 사람을 완벽하게 대체하는 수준 이상으로 계속해서 발전을 거듭하게 되면 결국 인공지능과 인간이 대결하게 되는 게 아닐까요?

2010년대에 들어서면서 시작된 3단계 인공지능 기술의 혁신은 다양한 분야의 연구가 어느 정도 성공을 거두면서 일어난 일종의 시너지 효과와 같은 것이었어. 인공지능은 인간과는 비교도 할 수 없는 방대한 양의 지식을 저장하거나 처리할 수 있고, 이것을 바탕으로 인간의 뇌로는 도저히 생각해낼 수 없는 우주의 비밀이나 새로운 개념과 이론 같은 것들을 생각해낼 수 있는 존재로 발전했지. 연구자들은 이를 '초지능 Superintelligence'이라고 불렀어. 신체적인 능력이 연약한 쪽에 가까운 인간이 지구상에서 다른 어떤 동물보다 우수한 종이 될 수 있었던 것은 지적 능력 때문이었는데 그 최고의 지성이라는 자리를 인공지능에게 넘겨주게 된 거지. 그래서 걱정스러운 시선을 보내는 사람들이 많았어. 초지능이 인간의 통제를 넘어서서 네 말처럼 결국 인간과 대결하게 되는 날이 올지도 모른다고 말이야.

사실 따지고 보면 인공지능은 이미 사람의 도움 없이도 스스로 배우고 진화할 수 있는 능력을 보유하고 있어. 다만 기계이기 때문에 지금까지는 사람이 통제권을 발휘하고 있을 뿐이지. 그래서 UN에서는 인공지능을 이용한 살상용 무기개발이나 인간이 통제할 수 없는 인공지능 개발을 금지하는 국제협약을 맺었어. 아직까지는 다행히도 이 협약을 어긴 사례가 없었지만 SF 영화를 보면 하지 말라는 연구를 비밀리에 해서 말썽을 일으키는 악당들이 꼭 나오지? 그렇게 인간에게 치명적인 수준의 초지능을 개발하려는 사람들이 어딘가에는 있을지도 모르지만 그건 분명한 범죄행위야. 아무리 똑똑한 인공지능이라도 그 시작은 어쨌든 인간에 의해서니까 그것을 설계하고 통제하는 인간의 도덕적 양심과 지성이 마지막 방패의 역할을 해줄 것이라고 믿을 수밖에 없겠지.

윤리적 딜레마

———

궁금한 게 또 있어요! 아까 인공지능 기술이 자율주행자동차의 발전을 이끌었다고 하셨는데, 아빠는 스누버가 아직 갈 길이 멀다고 하셨거든요. 자율주행자동차는 알고리듬대로 작동하기 때문에 알고리듬이 적용될 수 없는 상황을 만났을 때가 문제라고요. 운전을 할 때 일어날 수 있는 이런 상황은 경우의 수가 너무나 많아서 완전한 자율주행이 가능하려면 시간이 많이 걸릴 거라고 하셨는데 그게 어떻게 다 해결될 수 있었던 거죠?

인공지능의 학습 능력이 그 비밀의 열쇠였어. 자율주행자동차의 운전 능력은 인공지능 알고리듬의 능력에 따라 좌우된다고 했던 거 기억하니? 알고리듬이 모든 경우를 다 따져서 대처할 수 있도록 만들어졌다면 문제가 없겠지만 초기의 인공지능으로는 그럴

수가 없었지. 더구나 운전이라는 것이 애초부터 사회적 규칙을 바탕으로 한 것이라 아무리 정교하게 설계를 하더라도 인공지능은 대응 방안이 애매한 상황까지 대처할 수는 없었어. 그래서 초기의 자율주행차는 규칙의 준수와 인간 사회의 관행이라고 불리는 것의 애매한 경계를 잘 구분하지 못했던 거야. 예를 들어 노련한 운전자들은 왕복 2차선 도로에서 택배 차량이 앞을 가로막고 있으면 무작정 기다리기보다는 눈치껏 중앙선을 넘어 추월을 하거나, 돌발 상황이 발생했을 때 일시적으로 제한속도를 넘어 위험을 피하는 요령을 발휘하기도 하잖니. 그런데 초기에는 자율주행자동차가 이런 요령을 부리도록 알고리듬적으로 허용할 수가 없었어. 기술적으로 항상 안전하다고 보장할 수 없으니까 사회적으로 용납이 되지 않았던 거지. 그래서 예전에 교수님이 개발하셨던 스누버는 교통신호와 규정 속도 등의 법규를 무조건 지키는 쪽으로 알고리듬을 만들 수밖에 없었던 거야.

그런데 뜻밖의 문제에 부딪히게 됐지. 정지선이 나타나면 무조건 정지해서 규칙을 준수하도록 알고리듬에 정해놨더니 이번에는 정지선을 지키기 위해 급하게 정지하다가 뒤에 따라오는 차와 충돌할 가능성이 높아진 거야. 만일 사람이 운전하는 차였다면 뒤차의 속도나 뒤차와의 간격을 보고 충돌할지도 모른다는 판단이 들면 정지선을 조금 위반해서라도 안전거리를 확보하려고 하겠지.

이런 게 소위 관행이라고 불리는 것들인데 초기의 스누버에는 그런 융통성을 발휘할 만한 기술이 없었어.

이런 애매한 문제들을 해결하기 위해서 공학자들은 자율주행차용 인공지능의 개발 목표를 사람이 운전하는 것과 유사하게 교통 흐름을 방해하지 않고 사고를 일으키지 않을 안전한 범위 내에서 최대한 합리적으로 운전하는 것으로 바꿨지. 그래서 모범이 될 만한 운전자의 데이터를 인공지능의 학습에 꾸준히 사용했어. 인공지능 기술의 발전으로 인공지능 스스로 천문학적 횟수의 반복학습을 하는 것이 가능해지면서 미지의 상황들에 대한 우려를 해소할 수 있었던 거야.

그렇지만 이런 놀라운 기술 발전에도 불구하고 아직 해결하지 못하고 있는 훨씬 더 어려운 문제가 있단다. 윤리적인 딜레마 문제야. 좀 극단적인 예이긴 하지만 혹시 '전차 문제Trolley Problem'라고 들어봤는지 모르겠구나. 브레이크가 고장 난 전차가 시속 100km로 달리고 있는데 앞쪽에 다섯 명의 인부가 귀마개를 한 채로 작업을 하고 있는 거야. 전차를 멈추는 것은 불가능하지만 레버로 선로의 방향을 바꿀 수는 있어. 그런데 마침 그쪽 선로에서도 인부 한 명이 일을 하고 있는데 그는 기관사의 동생이었어. 선로를 바꾸지 않으면 다섯 명의 인부가 죽게 되고 바꾸면 동생이 죽게 되지. 기관사는 과연 누구를 살리는 결정을 하게 될까? 자율주행자동차에게 이런 상황이 닥친다면 과연 판단을 내리는 일이 가능할까?

음, 그건 매우 어려운 결정인데요······ 사람마다 다 다른 판단을 하게 될 것 같아요. 그렇지만 자율주행자동차는 아무리 똑똑해도 기겐데 짧은 순간에 사람처럼 합리적인 판단을 내릴 수 있을까요?

아무래도 어렵겠지. 현재로서는 판단이 불가능해. 짧은 시간 내에 결정을 내려야 하기 때문이라기보다 아직 누구도 그 답을 알지 못한 채 철학적, 윤리적 논쟁만 진행되고 있어서 그래. 지난 수천 년간 수많은 학자들이 여러 학파로 나뉘어져 치열한 논쟁을 벌여왔지만 그 어떤 이론도 아직 모든 사람들이 납득할 만한 것으로 받아들여지지는 못하고 있어. 결국 인간 운전자에게 어려운 문제가 자율주행차에게도 어려운 문제가 된 셈이지. 그래도 그나마 다행스러운 것은 이것이 우리 주위에서 흔히 발생하는 문제가 아니라는 거야. 매우 드물게 발생할 것이라고 생각하기 때문에 해결을 미뤄둔 채 다른 더 중요한 일들을 우선적으로 할 수 있는 거지. 그럼에도 불구하고 어쨌든 이런 윤리적 판단을 내려야 하는 순간이 있을 것이라는 막연한 불안 때문에 자율주행자동차를 믿을 수 없다고 말하는 사람들이 초기에는 꽤 많았어. 장 교수님과 너희들이

온 2020년만 해도 자율주행 기술의 안전도에 대한 사람들의 믿음이 50%도 안 됐으니까 말이야. 원래 신기술이라는 게 개발하기도 어렵지만 사회가 전적으로 수용하게 될 때까지 시간이 걸리는 법이거든. 이전에 없던 새로운 것이 나오면 일단은 한 발 물러서서 이게 뭐지, 하고 살펴보게 되는 게 자연스러운 반응이잖니. 그래서 많은 공학제품들이 반짝하고 나타났다 순식간에 사라지기도 하지. 사람들이 만족하고 지갑을 열게 되기까지 제품을 개발하고 개선해나가는 건 결코 쉬운 일이 아니야. 그런 측면에서 자율주행자동차는 30년이라는 긴 인고의 시간을 잘 버텨낸 거지.

윤리적 딜레마를 포함해서 여러 가지 애매한 상황들에 대해 자율주행차가 어떻게 대처하는가에 대해 관심을 가지다 보니 자연스럽게 일반 대중들도 알고리듬의 중요성에 대해 인식하기 시작했어. 자율주행차가 알고리듬을 코딩한 소프트웨어로 작동된다는 것 정도는 다들 알고 있지? 과거에는 알고리듬이 나와는 전혀 상관이 없고 공학자들이 알아서 개발하고 해결해줄 문제라고 생각했었거든. 그런데 애매한 상황들에 대해 어떤 명확한 대처 방안이 있는지 납득하지 못하면서 돈을 내고 자율주행차를 살 사람은 없을 거야. 그건 마치 언제 터질지 예측할 수 없는 시한폭탄을 타고 달리는 셈이 될 테니까 말이야. 그래서 자율주행자동차를 완전 허용하기 전에 사람들이 머리를 맞대고 이런 애매한 상황들의 해법

166

공 학 자 의
시 간 여 행

에 대한 사회적 합의를 만들어내기 위해 엄청나게 노력을 했어.

근데 이 사회적 합의라는 게 결국 어느 한쪽이 만족하면 어느 한쪽이 불만을 가질 수밖에 없는 것이기 때문에 쉽지가 않았어. 만일 내가 동의하지 않는 상태로 자율주행차가 만들어져서 도로를 다닌다면 그건 더 이상 남의 문제만이 아니지. 내가 불이익을 당할 수도 있으니까 말이야. 그래도 사람들은 애매한 상황에 최대한 대응할 수 있는 대책을 마련하려고 노력했고, 그 결과 자율주행자동차의 운행 중에 발생할 수 있는 예측 불가능한 부분들을 많이 제거할 수 있게 됐어. 100% 완벽하지는 못해도 말이지.

자율주행차가 가져온 새로운 사회적 변화 중에 재미있는 얘기 하나 해줄까? 예전에는 교통 법규를 위반하고 나서 심신 미약이나 날씨, 도로 상황 등 갖가지 핑계를 대면서 면책을 요구하는 경우가 많았거든. 그런데 자율주행차가 등장하고 사고의 원인에 대해 정확하게 원인을 판단하는 일이 가능해지면서 이런 터무니없는 요구가 많이 사라졌지.

결론적으로 30년이 넘는 긴 노력 끝에 자율주행자동차에 대한 사람들의 믿음은 훨씬 더 강해졌어. 그럼에도 걱정이 완전히 사라진 건 아니야. 그래서 만일의 사태에 대비해 무선통신으로 연결된 관제센터에서 개별 자율주행자동차의 움직임을 관찰하고 비상시에는 원격으로 통제할 수 있도록 예방조치를 마련해놓고 있단다. 또, 어떤 사람들은 이렇게 자율주행자동차가 무선으로 정보와 데이터를 주고받을 때 누군가 악의를 가지고 자율주행 소프트웨어를 해킹하여 자신의 의도대로 차량들을 마음대로 조종할 가능성이 숨어 있다고 걱정하기도 해. 그러나 이런 문제에 대비해서도 충분한 해결책을 마련해 놓고 있어서 그리 불안해할 필요는 없어. 비록 모든 사람들이 자율주행차를 편하게 이용하는 시대가 되긴 했어도 아직까지 남아 있는 이런 문제들을 해결하기 위해 수많은 공학자들이 지금도 부단히 노력을 하고 있거든.

"우와. 그 30년 사이에 정말로 많은 변화들이 있었군요! 아빠가 만드신 스누버만 보다가 이렇게 많은 미래형 스누버들이 진짜로 도로를 쌩쌩 달리는 모습을 보니 꿈같아요!"

도로를 쳐다보던 현욱이 문득 지훈을 향해 고개를 돌렸다.

"내가 이런데 넌 정말 신기하겠다, 그치?"

"신기한 정도겠냐? 이게 영화인지 현실인지 아직도 분간이 안 간다 나는. 이러다가 옆에서 엄마가 일어나란 소리에 갑자기 눈 번쩍 뜨고 일어나는 거 아닌가 싶은걸?"

네 사람은 얘기를 나누며 천천히 거리를 걸었다. 그러다 도로변에 서 있는 한 로봇이 지훈의 눈에 들어왔다. 지나가는 로봇을 보기만 했지 한 번도 말을 걸어보지는 않았다는 생각이 스치자 지훈은 잠시 일행이 걸음을 멈추고 대화에 집중하고 있는 사이 그 로봇에게 슬그머니 다가갔다.

"안녕?"

로봇의 동그란 머리통이 미끄러지듯 돌아가다가 왕방울만 한 큰 눈이 지훈의 눈과 마주치자 딱 멈췄다. 큰 눈을 껌뻑이고 고개를 까딱까딱 하면서 로봇이 "안녕하세요?"라며 인사를 건넸다.

"우와! 너, 말도 하는구나!"

"무엇을 도와드릴까요?"

"응? 아, 딱히 도움이 필요한 건 없는데. 난 네가 여기 서 있기에 궁금해서 말을 걸어본 거야."

"궁금하신 게 있으시면 무엇이든 물어보세요."

"그래? 음…… 넌 무엇을 하는 로봇이니?"

"저는 도우미 로봇입니다. 급한 도움이 필요하시거나 궁금한 게 있으실 때 무엇이든 해결해 드리는 것이 제 일이랍니다."

"야~ 그러니까 만능해결사 같은 거로구나? 우리 삼촌은 스누 버 얘기만 해도 꿈꾼 거라고 믿어주지 않았는데 널 봤다고 하면 이번에는 병원에 가보라고 할지도 몰라. 큭큭큭."

지훈이 도우미 로봇과 이야기를 나누는 사이 나머지 세 사람은 지훈이 사라진 것도 모르고 계속해서 걷고 있었다. 그리고 한참 후 장 교수와 현욱은 그제야 문득 지훈이 보이지 않는다는 사실을 깨달았다. 당황한 장 교수는 주위를 두리번거리며 지훈의 이름을 불러봤지만 소용이 없었다.

"교수님! 시간이 얼마 지나지 않았으니까 제가 로봇 경찰에게 도움을 요청할게요. 금방 찾을 수 있을 거예요. 너무 걱정하지 마 세요."

진형이 어쩔 줄 몰라 하는 장 교수의 팔을 잡으며 말했다.

"로봇 경찰이라고?"

장 교수가 진형을 돌아보는 사이 진형은 이미 스마트워치에 대고 누군가에게 사정 설명을 하고 있었다.

"네, 네. 열다섯 살 남자아이고 안경을 쓰고 있어요. 위에는 파란색 티셔츠를 입고 있고요. T-23 위치에 있다가 이동하는 중간에 없어졌으니까 경로를 다시 보시면 그 근처에 있을 거 같아요…… 네, 네…… 맞아요! 네, 알겠습니다!"

진형은 걱정스러운 얼굴로 자신을 쳐다보고 있는 장 교수와 현욱을 향해 활짝 웃으며 말했다.

"찾았대요! 지금 이쪽으로 데리고 올 거예요."

잠시 후 몸통에 경찰 마크가 큼지막하게 붙어 있는 로봇이 지훈의 걸음에 나란히 보조를 맞추며 다가왔다. 장 교수가 뭐라고 입을 열기도 전에 현욱이 먼저 나서서 지훈의 어깨를 탁 때리며 말했다.

"어휴, 야! 십 년 감수했잖아! 낯선 데 갔다가 길을 잃어버리는 것도 아니고 30년 후의 미래에 왔다가 길을 잃어버리면 대책이 없지, 대책이~!"

"어, 미안! 도우미 로봇한테 뭘 좀 물어보다가 그만 시간가는 줄을 몰랐지 뭐야. 교수님, 죄송해요! 걱정 많이 하셨죠?"

"휴우, 당연하지, 이 녀석아. 널 진짜 잃어버린 줄 알고 순간 눈앞이 캄캄해졌어. 그런데 로봇 경찰들이 널 어떻게 이렇게 순식간에 찾아낼 수 있었던 거지?"

그러자 진형이 설명을 하기 시작했다. 방범 카메라가 도로 곳곳에 설치되어 있고 각 스마트워치의 위치는 경로 추적이 가능한 데다 로봇 경찰들이 각 구역마다 배치되어 있기 때문에 금세 찾아내서 세 사람이 있는 곳으로 데리고 올 수 있었던 것이었다. 진형의 설명에 장 교수는 고개를 끄덕거리며 말했다.

"음…… 정말 대단해. 그렇지만 개인의 위치와 이동 정보가 완벽하게 수집되어 분석되고 있다니 놀라우면서도 한편으로는 좀 우려가 되기도 하는군……."

네 사람은 연구실 건물에 있는 옥상 정원으로 다시 돌아왔다. 한참을 걸어 다닌 뒤라 푹신한 소파가 보이자마자 현욱과 지훈은 총알처럼 달려가 풀썩 엉덩이를 내려놓았다. 그 모습을 보며 미소를 짓던 진형은 두 아이 앞에 선 채로 허리를 굽혀 아이들의 얼굴을 들여다보았다.

"구경은 재미있었니? 그래, 뭐가 제일 인상 깊었어?"

지훈과 현욱은 앞서거니 뒤서거니 하며 신이 나서 대답했다.

"세상이 온통 편리한 물건들로 가득 차 있는 거요. 상상만 하던 것들이 상상이 아니라 현실로 이루어져 있는 걸 보니까 정말 신기했어요!"

"저는 로봇이 제일 신기했어요. 사람들의 필요에 따라 저마다 역할이 서로 다른 로봇들이 사람들 사이에 자연스럽게 섞여 있는 게 정말 영화 같았어요! 로봇이 더 이상 신기한 물건이 아니라 일상생활의 한 부분이 되는 게 진짜로 가능하다는 거잖아요! 더구나 내가 있는 곳으로 직접 찾아오거나 아니면 주변에 있으면서 내가 원하는 것들을 들어주는 로봇들을 보니까 마법 램프의 지니가 따로 없던 걸요!"

싱글벙글 웃던 현욱이 냉큼 한마디를 덧붙였다.

"저도 아빠처럼 훌륭한 공학자가 돼서 그런 미래를 만드는 데 뭔가 보탬이 되고 싶어요. 근데 제가 직업을 가질 나이가 되면 세상이 또 많이 달라질 거잖아요. 그때에도 공학자가 계속해서 유망한 직업일까요?"

장 교수는 미소를 지으며 현욱과 지훈의 사이에 끼어 앉아 이야기를 시작했다.

공학자의 자질

━━━

　지금 이 순간에 어느 직업이 미래에 유망하고 안정된 것인가를 따질 필요는 없단다. 그건 마치 아직 일어나지도 않은 미래를 예측해서 그에 맞는 답을 찾겠다는 것과 마찬가지니까 말이야. 전망이 좋은 직업을 갖겠다는 생각보다 내가 상상도 하지 못한 새로운 세상이 펼쳐질 수 있다는 가정 하에 능동적으로 그 상황에 대처할수 있는 유연성을 갖추기 위해 노력하는 편이 훨씬 의미가 있어.

　유연성은 곧 적응력과 같은 말이야. 공학도에게는 가장 중요한 자질이라고 할 수 있지. 진화론자인 다윈Charles Robert Darwin도 '생태계에서 살아남는 개체는 강한 개체가 아니라 변화에 잘 적응하는 개체'라고 했단다. 우리가 살고 있는 사회와 환경은 시간이 지남에 따라 계속해서 변하고 있고 기술과 산업 또한 빠르게 진보하고 다양화되고 있지. 학교에서 배웠던 내용이나 연구했던 것을 몇 년이 지나도록 계속해서 써먹는 공학자를 찾기는 힘들어. 스마트폰이나 전자기기, 가전제품만 봐도 일 년에 몇 개씩 신형 모델이 나오잖아. 자동차도 예외가 아니고 말이야. 공학기술은 그야말로 '하루가 다르다'라는 말이 딱 맞을 정도야. 눈만 뜨면 어디선가 신기술이 나와 있을 정도로 발전 속도가 빨라. 이런 상황에서 살아남으려면 어떻게 해야 할까? 당연히 그 변화의 속도에 잘 적응해야겠지? 그러니 적응력은 이제 더 이상 선택이 아니라 필수가 됐단다.

공학자가 신기술의 흐름을 따라가려면 새로운 개념이나 용어, 이론에 적응을 잘 하는 것도 물론 중요하겠지만 더 나아가서 자신의 전공 분야뿐만 아니라 다른 분야를 이해하는 데도 노력을 기울여야 해. 예를 들어 컴퓨터 분야에서 소프트웨어와 하드웨어 개발자들이 서로의 영역에 대해 기본적인 지식을 갖추고 있어야 하는 것은 말할 것도 없고 당장 관련성이 없어 보이는 분야에 대해서도 계속 관심을 가지는 게 좋아.

훌륭한 공학자가 될 수 있는 자질이란 바로 이런 것이다, 라고 딱 잘라 말하기는 어려워. 사람마다 자질의 종류와 정도가 다 다르니까. 지훈이, 넌 레고를 좋아하지? 우리 현욱이도 어릴 적부터 레고를 잘 가지고 놀았거든. 둘 다 공학자의 중요한 자질 중 하나인 창의성은 갖추고 있는 것 같구나. 그렇지만 공학자의 길이란 단순히 창의력이 있다거나 머리가 좋다거나 하는 것만으로는 부족해. 사실은 몇 년을, 경우에 따라서는 평생을 무언가를 꾸준히 붙잡고 끝장을 볼 수 있는 '열정'과 '끈기'가 가장 중요하단다.

지훈이 너도 삼촌에게 처음 레고 박스를 받았을 때부터 레고를 잘하게 된 건 아니었잖니? 아마도 처음 만들 때에는 그 안에 들어 있는 설명서를 보면서 따라 만드는 것도 상당히 어렵게 느껴졌을 거야. 그렇지만 그걸 하나씩 다 만들어보고 나니까 그다음은 설명서 없이 머릿속 생각만으로 뭔가를 만들 수 있는 단계까지 가게 된 거지. 처음에는 불가능한 것처럼 보이는 장애물도 하나씩 끈기 있게 기를 쓰고 넘다 보면 나중에는 웬만한 장애물은 장애물처럼 느껴지지 않는 것과 마찬가지야.

공학은 문제의 해결책을 찾는 과정이잖니. 이미 존재하는 기술이나 물건을 좀 더 나은 방향으로 향상시키려면 내가 발견한 문제를 진득하게 파고들어야지. 그런데 이 과정이 말처럼 쉬운 게 아니야. 답이 언제 찾아질지, 그래서 언제 끝날지 모르니까 괴로울 때가 많아. 그리고 더 괴로운 것은 한 번 성공했다고 해서 다 끝나는 게 아니라는 거야. 왜냐하면 사람들은 끊임없이 더 편리하고 더 나은 것을 바라거든. 그러니까 한두 번 실패를 하더라도 절대로 물러서서는 안 돼. 끈기와 용기를 가지고 꾸준히 하다 보면 길은 보이게 되어 있어. 〈토끼와 거북이〉 이야기 알지? 깡충깡충 빨리 뛰는 재주만 믿고 잠이 든 토끼를 느린 거북이가 어떻게 이겼지? 쉬지 않고 가다 보면 결국 포기하지 않는 사람이 이기는 거란다.

미국 펜실베이아 대학의 교수이자 심리학자인 안젤라 더크워스가 쓴 『그릿GRIT』이라는 책에 보면 베스트셀러 작가인 타네하시 코츠의 말이 인용되어 있어. '글쓰기의 어려움은 지면에 옮겨진 자신의 형편없는 글과 서툰 글을 보고 잠자리에 들어야 하는 데 있다. 그리고 다음 날 잠에서 깨어 형편없고 서툰 글귀를 들여다보고 다듬어서 너무 형편없고 서투르지 않게 고치고 다시 잠자리에 들어야 하는 데 있다. 그리고 또 그다음 날이 되면 조금 더 그 글을 다듬어서 그리 나쁘지 않게 만들고 잠자리에 든다. 그리고 그 글을 다듬어 평균 수준으로 만든 다음, 한 번 더 다듬는다. 운이 좋다면 좋은 글을 얻을 수도 있으리라. 그리고 거기까지 했다면 성공이다.' 공학자의 자질과 글쓰기가 무슨 상관이 있나, 뜬금없는 이야기처럼 들리지? 그런데 그 속뜻은 다른 게 아니란다. 성공을 위해서는 타고난 재능이나 환경, 학교 성적 같은 것보다 자신이 성취하고자 하는 목표를 끝까지 해내려고 하는 의지와 열정, 그리고 노력이 훨씬 더 중요하다는 걸 강조하는 거야. 그렇게 조금씩 조금씩 앞으로 나아가는 것이 성공에 이르는 길이라는 거지.

사실 공학자의 길에 들어서면서 성공하고 싶다, 부자가 되고 싶다는 포부를 갖는 사람이 꽤 많이 있어. 그리고 실제로 벤처회사를 해서 큰돈을 버는 공학자들이 없지는 않지. 그렇지만 그 비율이 다른 분야에 비해 크게 높은 것은 절대로 아니야. 오히려 공학자의 길은 끊임없이 새로움을 추구하고 비판적으로 살아야 하기 때문에 다른 분야에 비해 더 험난하고 힘든 여정이라는 말이 어울릴 정도란다.

이 세상에 생겨나는 새로운 것들은 어느 날 정원의 나무에서 사과 하나가 뚝 떨어지는 걸 보고 뉴턴이 만유인력법칙을 발견해냈다거나, 목욕탕의 물이 넘치는 걸 보고 아르키메데스가 '유레카'를 외치며 부력의 원리를 깨달았다거나 하는 것처럼 한순간에 이루어지는 게 아니야. 관찰로 얻은 아이디어를 현실로 구현하기 위해 또 새로운 아이디어들을 보태고 수정하고 또 보태는 지난한 과정의 결과물인 거지. 그래서 공학자가 되려면 몸도 튼튼해야 하는 거야. 운동선수들에게만 체력이 중요한 게 아니거든. 그리고 몸과 더불어 마음도 튼튼해야 해. 새로운 걸 만들어내려면 실패를 몇 번을 거쳐야 하는지 몰라. 그런데 매번 실패할 때마다 좌절하고 슬퍼하다 보면 금방 지치게 되니까 정신력이 엄청 중요하지.

운이 좋아 한 번 무언가를 만들어냈다고 해서 그게 끝이 아니라고 말한 것 기억하지? 세상이 변하는 속도와 사람들의 눈높이와 요구가 변하는 속도에 맞춰서 지속적으로 나의 아이디어를 업그레이드해야만 해. 그러려면 인내심은 필수지. 결국 훌륭한 공학자의 자질은 타고난 아이큐보다는 끈기와 도전의식이라는 거야. 그러니까 내가 재능이 있는지 없는지를 고민할 게 아니라 내가 진짜로 하고 싶은 게 뭔지, 그리고 목표를 향해 포기하지 않고 끝까지 밀고 나갈 수 있는지, 새로운 아이디어를 계속 생각해내기를 좋아하는지를 고민해봐야 해.

다른 자질들이 조금 부족하더라도 열정과 끈기로 뒷받침하면 조금씩 발전해나갈 수 있어. 그렇게 꾸준히 하다 보면 언젠가는 세밀한 관찰력, 조합적 사고 능력 등이 합쳐져서 뭔가를 이루어내고 그다음에 더 큰 도전을 꿈꿀 수 있게 되는 거지. 어떻게 보면 공학자의 기본 자질은 타고난다기보다는 갖추기 위해 평생 노력해야 하는 숙제이자 그 자체가 하나의 목표가 될 수 있는 것들이야. 내가 학생들에게 자주 강조하는 글귀가 있어. 기억해 두면 너희들에게도 어려울 때 힘이 될 거야.

'Game Never Ends Until I Die!' (내가 죽을 때까지 게임은 결코 끝난 게 아니야!)

근데 가만히 들어보니 그런 것들은 학교에서 배울 수 있는 게 아닌 것 같아요. 어른들은 공부를 열심히 해서 훌륭한 사람이 되라고 하시잖아요. 그러면 훌륭한 공학자가 되기 위해 학교에서는 어떻게 공부를 해야 하는 거죠?

학교에서 배워야 할 것은 지식이 아니라 지식을 해석하고 새로운 지식을 만들어내는 생각의 방법이란다. 즉 학교에서는 생각하는 훈련을 해야 한다는 말이지. 단순히 지식만을 배우려면 굳이 교실 안에 앉아 있지 않아도 돼. 지식을 얻을 수 있는 곳은 굉장히 많으니까. 지금은 기본적인 지식만으로는 살아갈 수 없는 세상이잖아? 앞으로는 점점 더 그렇게 되어가겠지. 그저 지식을 머릿속에 담으려고 노력하는 대신 지식들의 원리와 흐름, 또 그것들의 연관성에 대해 더 많이 생각해보렴. 미래에는 단순한 지식 기반 노동을 요구하는 직업은 점점 사라지고 어려운 직무 능력이 요구되는 직업들이 살아남게 될 거야. 한 통계조사에서 2030년이 되면 대학교육과 전문직업훈련이 필요한 일자리가 70% 이상이 될 거라고 예측한 결과만 봐도 알 수 있지. 그러니 공부를 열심히 하는 목표가 그저 이름 있는 대학교에 들어가기 위해서만이라면 문제가 있어. 대학 졸업장이 평생 직업을 약속해주지는 않으니까. 미래에는 그보다 어떤 한 분야의 전문가가 되는 것이 더 중요해.

저는 공학자의 꿈을 이루고 싶으면 수학 공부부터 열심히 하라고 하실 줄 알았어요. 알고리듬을 설계하는 데 수학적 능력이 중요하게 쓰인다고 하셔서요. 저도 수학을 잘하고 싶긴 한데 학교 수학 시간에 선생님이 무슨 말씀을 하시는지 잘 못 알아들을 때도 많고 시험을 볼 때에는 시간이 모자라서 다 풀지 못할 때도 있어요. 전 재능이 없는 걸까요? 진형 누나, 미래에는 학교 수학 시간이 좀 변하나요?

하하하, 수학은 수학이지. 그렇지만 수업 방식은 예전과 비교해서 많이 달라졌어. 교육 부문에 인공지능 기술을 도입하기 시작하면서 2050년에는 학생 한 명 한 명의 개별 수준과 학습 속도에 맞춰서 교과진도에 차이를 둬. 맞춤형 교육을 하는 거지. 지훈이, 네가 수학이 어렵게 느껴지는 이유는 공식들을 외우고 짧은 시간 안에 많은 문제를 풀어야 하기 때문이지? 예전에는 수학을 그렇게 배웠다고 들었거든. 그런데 우리는 수학 문제를 다양한 상황에 대입해서 직접 체험을 해보거나 새로운 풀이방법을 스스로 발견하는 방식으로 수학을 배워. 가끔은 정답이 없는 문제나 정답이 여러 개인 문제를 며칠씩 걸려서 풀기도 하지. 정해진 하나의 답이 없으니까 답을 찾는 과정에서 서로의 방법들을 비교하면서 자연스럽게 생각하는 힘을 기를 수 있거든. 그리고 오랜 시간이 걸리는 과정이니까 포기하지 않고 계속 도전하는 인내심도 기를 수 있고 말이야.

기술의 진보로 인해 세상이 워낙 빠르게 변하다 보니 이제는 그 변화의 방향을 예측하는 게 점점 어려워지고 있어. 이럴 때일수록 생각의 힘이 중요한 거야. 레고나 퍼즐 같은 것을 좋아한다면 기

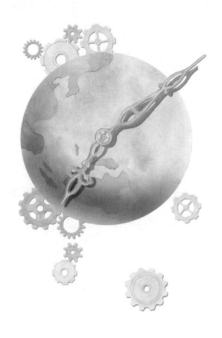

본적으로 수학에 대한 관심이 있다고 할 수 있지. 그렇지만 수학 시험 성적과 수학적 재능이 꼭 일치하란 법은 없어. 내 주위에 수학 영재들이 많이 있는데 가만 보면 다들 수학적 사고 능력을 꾸준히 계발해온 학생들이지 그저 수학 시험 점수가 월등히 높기만 한 건 아니거든. 같은 문제를 계속해서 들여다보며 풀이하기 쉽게 작은 문제를 여러 개로 쪼개본다거나 차원이 낮은 문제로 바꿔 풀어보면서 규칙을 발견하는 식으로 자신만의 요령을 만드는 연습을 해보는 게 좋아. 쉬운 것부터 풀어가면서 차근차근 더 어려운 것으로 옮겨가면 되니까.

공학자의 길은 끊임없이 새로움을 추구하고
비판적으로 살아야 하기 때문에 다른 분야에 비해
더 험난하고 힘든 여정이라고도 할 수 있어.

공학자가 되려면 몸과 더불어 마음도 튼튼해야 해.
새로운 걸 만들어내려면 실패를 몇 번을 거쳐야 하는지 몰라.
실패할 때마다 좌절하고 슬퍼하다 보면
금방 지치게 되니까 정신력이 엄청 중요해.
결국 훌륭한 공학자의 자질은 타고난 아이큐보다는
'끈기'와 '도전의식'이야.

내가 재능이 있는지 없는지를 고민할 게 아니라
내가 진짜로 하고 싶은 게 뭔지, 그리고 목표를 향해
포기하지 않고 끝까지 밀고 나갈 수 있는지,
새로운 아이디어를 생각해내기를 좋아하는지를
고민해봐야 해.

우리가 다시 만나는 그 날

━━━

"휴, 전 아무래도 글러 먹은 거 같아요."

지훈이 땅이 꺼져라 한숨을 내쉬며 말했다.

"뭐가 말이냐?"

"왜 그런 소리를 해?"

진형과 현욱이 갑작스러운 지훈의 한탄에 깜짝 놀라 소리쳤다.

"아니, 현욱이 너는 그래도 30년 차이니까 뭔가 변화의 조짐이라도 볼 수 있겠지만 난 뭐냐고. 난 정말 선택의 여지도 없이 수학 공식들 달달 외우고 손가락이 부러져라 한 시간 동안 겨우겨우 문제 풀어서, 아니면 찍기라도 잘해서 대학에 가야 하는 신세라고."

지훈의 볼멘소리에 나머지 세 사람은 웃음을 터트렸다.

"풋, 그러네. 듣고 보니 지훈이 말이 맞네."

"우하하. 너를 어쩜 좋냐? 그러게 좀만 늦게 태어나지 그랬어."

지훈은 '에이 참!' 하며 세 사람을 흘겨보다가 물었다.

"그런데요, 제가 본 2050년은 너무나 멋지고 환상적인 미래였는데 제가 사는 세상이랑은 너무 달라서 사실 좀 무섭기도 했어요. 그런데 기술이 발전하는 속도는 갈수록 점점 빨라질 거잖아요. 이대로 기술이 발전을 거듭하는 게 과연 사람들에게 좋은 일이기만 한 걸까요?"

그러자 진형과 장 교수의 얼굴이 슬며시 진지한 표정으로 바뀌더니 장 교수가 먼저 입을 열었다.

"공학자들이 신기술을 계속해서 개발하는 목적은 새로운 사회적 가치들을 실현하면서 동시에 사람들의 삶을 더욱 편리하게 만드는 데 있단다. 기술 수준이 높아지면서 사회적으로는 개별 소유의 개념을 넘어 공유 체제로 변화하고 있고, 산업적으로는 업종이 극도로 다양화되고 세분화되는 마이크로 산업 구조로 옮겨가고 있지. 에너지 분야에서는 새로운 청정에너지가 대세가 되는 등, 과거에는 이상적인 생각에 그치던 많은 것들이 현실이 되고 있어. 감당하기 어려울 정도의 엄청난 변화를 겪고 있지만 그와 동시에 신기술들을 통해 세상은 더 평등해지고 새로운 기회들을 만들어가며 지속 가능한 방향으로 흘러가고 있음을 부인할 수 없을걸."

잠시 장 교수가 말을 멈춘 사이 진형이 옆에서 거들었다.

"인공지능을 예로 들자면 인공지능의 발전이 사회를 더욱 다양하고 편리한 방향으로 만들고 있는 게 분명해. 인공지능의 지속적인 활용을 통해 생긴 경험과 데이터가 인공지능 기술의 발전을 더욱 가속화시키고 있고 말이야. 네가 본 것처럼 2050년은 이미 인공지능 사회지만 기술의 발전은 쉬지 않고 계속되고 있어. 물론 거기에 예기치 못한 가속도가 붙는 순간도 오겠지. 마치 비포장도로에서 자전거를 타고 달리며 열심히 페달을 밟는 데에만 열중하다 보니 어느 순간에 갑자기 속도가 쭉― 하고 치솟는 것처럼 말이야. 그래서 문득 정신을 차리고 보면⋯⋯."

진형은 무엇인가를 더 이야기하려다가 순간 멈칫했다. 그러자 대신 장 교수가 말을 이어갔다.

"그러니까 얼마나 빨리 달리고 있는지 스스로 자각을 못하고 페달만 밟다가는 위험한 순간이 닥칠 수도 있다, 이 말이야. 극단적인 미래학자인 레이 커즈와일은 인공지능의 미래에 대해 기술적 특이점, 즉 싱귤래리티^{singularity}가 올 것이라고 예측을 했어. 아까 진형이가 얘기해줬던 모라벡의 『마음의 아이들』을 기억하지? 싱귤래리티란 인공지능이 인간을 초월하는 지능을 갖게 되는 지점을 말하는데, 여기에 도달하게 되면 컴퓨터는 인간보다 10억 배 우수한 지능을 갖게 되고 인간이 더 이상 인공지능을 통제할 수 없는 상황에 빠진다는 거야. 그래서 로봇^{robot}과 세계의 종말^{apocalypse}, 이 두 단어를 합쳐서 '로보칼립스^{robocalypse}'라는 합성

어를 만들어내기도 했지. 로봇이 대부분의 인간을 대체하고 인간이 로봇의 지배를 받는 세상이 올 거라고 말이야. 영화에서 보는 것처럼 인공지능이 자신의 생각과 의지대로 행동하는 것이 진짜로 가능해진다면 과연 그것은 인류의 혁신이 될까, 아니면 재앙의 시작이 될까?"

순간 네 사람은 침묵에 휩싸였다. 아까부터 진형은 입을 다문 채 바닥으로 시선을 떨구고 있었고 지훈과 현욱은 입을 반쯤 벌린 채 장 교수의 얼굴을 올려다보고 있었다. 사람보다 월등하게 똑똑한 인공지능 로봇이 나오는 영화는 많이 봤지만 늘 인간은 기계에 대한 통제력을 회복했고 선과 평화는 지켜졌다. 그런데 반대 방향으로 나아갈 가능성도 있다니? 잠시 후 진형이 고개를 들며 밝은 목소리로 말했다.

"어우, 애들아, 너무 걱정하지 마. 2050년을 너희들 눈으로 직접 봤잖아. 그리고 내가 연구하고 있는 뇌공학과 인공지능 분야도 아직 해야 할 게 산더미인걸. 교수님 말씀처럼 미래에 대한 불안이나 공포는 어느 시대에나 있었어. 지금과 비교해보면 로봇이 아이들 장난감 수준도 못 되던 그때에도 로봇이 인간을 지배할 때가 올 거라는 예언은 있었단 말이지. 그래도 기술이 인류의 삶에 보탬이 되는 쪽으로 꾸준히 나아가고 있는 건 기술을 개발하는 공학자들이 그게 인간의 행복을 위한 일이라고 믿기 때문이라고 생각해. 내가 그렇게 믿고 있는 것처럼 말이야."

진형이 미소를 짓자 지훈과 현욱도 따라 웃었다. 아무리 기술이 발전하고 세상이 바뀌고 미래의 일은 알 수 없을지라도 변하지 않는 믿음이 있다는 건 마음이 놓이는 일이었다. 그때 장 교수가 당황한 목소리로 외쳤다.

"이런! 벌써 시간이 이렇게 됐네. 지훈아, 너 집으로 돌아가봐야 하지 않니? 식구들이 걱정하시겠다."

그제야 지훈은 정신이 번쩍 들었다. 아, 참! 삼촌이 왔었지!

"진형 누나! 이렇게 만나게 되어서 정말 반가웠어요. 그리고 감사해요. 저도 장 교수님처럼, 그리고 누나처럼 훌륭한 공학자가 되고 싶어요. 제게 그런 꿈을 갖게 해준 오늘은 정말 선물 같은 하루였어요."

지훈은 진형을 향해 마음을 꼭꼭 눌러 담아 인사를 했다. 헤어질 때 나누는 인사는 모두 아쉽지만 이 순간만큼은 화석처럼 영원히 새겨질 인사를 하고 싶었다. 다시 만날 기약을 할 수 없다는 걸 알기 때문이었다.

"응, 지훈아, 나도 이렇게 특별한 친구를 만나게 되어서 정말 반가웠어. 사실 나이로만 따지면 나보다 한참 위인 어르신인데 말이야. 하하. 집에 돌아가면 그 꿈을 절대 잃지 말고 꼭 소중하게 잘 키우길 바라."

지훈과 진형은 서로를 바라보며 씨익, 웃었다. 그러자 현욱이 질세라 끼어들었다.

"저도요, 누나. 저도 오늘 정말 재미있었어요. 지금은 상상만 할 수 있는 일이 2050년에는 현실이 되는 걸 보니 아빠 못지않은 공학자가 되겠다는 제 꿈이 그때쯤이면 현실이 될 수도 있겠다는 생각이 들었어요. 헤헤헤."

"큭큭. 현욱아, 아빠 못지않은 공학자 말고 아빠보다 더 훌륭한 공학자가 되는 건 어때? 교수님, 죄송합니다!"

"하하하, 아닐세. 그게 사실은 내 꿈이기도 하니까. 저 녀석이 나를 보며 그런 생각을 해준다면 나야 더없는 보람이지."

현욱을 향해 뿌듯하게 웃고 있는 장 교수를 바라보며 진형이 말했다.

"교수님, 교수님이 개발하신 자율주행차는 미래 사회를 바꾸는 중요한 출발점이 됐어요. 사실 전 교수님이 연구하신 자율주행 기술에 반해서 이 학교로 오게 됐다고 해도 과언이 아니거든요. 언젠가 교수님이 인터뷰에서 하셨다는 얘기를 들은 적이 있어요. 인공지능은 스스로 학습하고 발전할 수 있는 기술이기에 초반에 방향을 잘 잡아야 하고, 인간을 행복하게 하는 쪽으로 발전하도록 만드는 열쇠는 바로 우리 모두가 가지고 있는 것이라고요. 그래서 신기술이 거쳐야 하는 마지막 관문이 사회적 합의인 것처럼 기술에 답을 묻지 말고 인간에게 답을 물어야 하는 거라고요. 그래서 전 교수님 덕분에 공학자로서 시야가 많이 넓어졌어요. 이렇게 직접 만나뵌 김에 감사 인사를 드려야겠네요."

장 교수와 진형이 마지막으로 악수를 나누었다. 그 순간 서로 눈이 마주친 현욱과 지훈이 살그머니 그 위에 제 손들을 마주 얹었다. 현욱이 흠! 하고 헛기침을 하더니 짓궂은 목소리로 말했다.

"에이~ 1990년과 2020년과 2050년이 만났는데, 이런 역사적인 순간을 길이길이 기념해야죠!"

"허허. 그래. 참 신기한 하루였어. 그 팥빙수가 맛만 특별한 줄 알았더니 아주 마법의 빙수였네. 그치?"

장 교수가 웃음을 터트리며 말했다.

"그러게요! 혹시 알아요? 나중에 언젠가 또 이렇게 모두 다시 만나게 될지…… 그땐 우리 넷 다 공학자가 되어 있으면 좋겠어요. 히힛. 그리고 아저씨, 아니 교수님, 우리 그 팥빙수 집에서 또 만날 수 있겠죠?"

지훈이 손바닥 밑으로 느껴지는 장 교수의 손등을 꼭 잡으며 말했다.

"암, 또 만나야지. 물론 그래야지……."

장 교수는 기약 없는 약속을 했다.

생각지도 못한 우연이 시간의 길을 터주었던 그날, 2020년인지

2050년인지 모를 하늘에서 새어 들어온 붉은 노을빛이 옥상 정원 가득 넘실거렸다.

공학자의 시간 여행

ⓒ 서승우, 2019

초판 1쇄 발행일 | 2019년 9월 5일
초판 5쇄 발행일 | 2024년 2월 23일

지은이 | 서승우
펴낸이 | 사태희
편   집 | 김미나 배우리
디자인 | 박소희
마케팅 | 장민영
제   작 | 이승욱 이대성

펴낸곳 | (주)특별한서재
출판등록 | 제2018-000085호
주 소 | 08505 서울특별시 금천구 가산디지털2로 101 한라원앤원타워 B동 1503호
전 화 | 02-3273-7878
팩 스 | 0505-832-0042
e-mail | specialbooks@naver.com
ISBN | 979-11-88912-53-7 (44300)
        979-11-88912-13-1 (세트)